에니어그램으로 만들어가는 **나다움**

# **나비**처럼 가볍게
# **독수리**처럼 자유롭게

**와일드북**
와일드북은 한국평생교육원의 출판 브랜드입니다.

에니어그램으로 만들어가는 나다움

# 나비처럼 가볍게 독수리처럼 자유롭게

**초판 1쇄 인쇄** · 2019년 11월 15일
**초판 1쇄 발행** · 2019년 11월 20일

**지은이** · 이선나
**발행인** · 유광선
**발행처** · 한국평생교육원
**편  집** · 장운갑
**디자인** · 이종헌

**주  소** · (대전) 대전광역시 유성구 도안대로589번길 13  2층
        (서울) 서울시 서초구 반포대로 14길 30(센츄리 1차오피스텔 1107호)
**전  화** · (대전) 042-533-9333 / (서울) 02-597-2228
**팩  스** · (대전) 0505-403-3331 / (서울) 02-597-2229

**등록번호** · 제2015-30호
**이메일** · klec2228@gmail.com

ISBN  979-11-88393-17-6 (13190)
책값은 책표지 뒤에 있습니다.
잘못되거나 파본된 책은 구입하신 서점에서 교환해 드립니다.

이 도서의 국립중앙도서관 출판예정도서목록(CIP)은 서지정보유통지원시스템 홈페이지(http://
seoji.nl.go.kr)와 국가자료공동목록시스템(http://www.nl.go.kr/kolisnet)에서 이용하실 수 있
습니다.(CIP제어번호: CIP2019043350)

에니어그램으로 만들어가는 나다움

# 나비처럼 가볍게 독수리처럼 자유롭게

이선나 지음

와일드북

# 나는 어떤 꽃을 피우도록 창조되었을까

등하굣길에 친구들과 어울려 다니지 않고 늘 혼자 다니는 아이가 안쓰럽고, 혹시 친구들에게 왕따를 당한 게 아닐까 하고 걱정하던 엄마가 있었다. 그런데 어느 순간 아이의 성격을 알고 나니 아이를 이해하게 되었다.

한편 아이는 그동안 엄마가 자신을 늘 문제시하는 시선으로 바라봐 마음이 불편했는데 이제 안심이 된다.

"이혼해야겠다고 여러 차례 생각했었는데 에니어그램을 알고 나서 그 심각한 갈등이 틀림에서 오는 것이 아니라, 성격 차이인 다름에서 오는 것이란 것을 알고 마음을 고쳐먹었어요."

필자가 만난 한 내담자의 말이다. 그녀는 남편과의 갈등이 남편의 잘못이 아니라 남편과 자신의 성격차이에서 오는 역동이란 걸 알고 남편을 이해하고 있는 그대로 받아들이게 되었다고 한다. 그리고 덧붙여 말했다.

"직장에서 인간관계가 힘들었는데 에니어그램을 통해 배운 행동패턴의 선순환 사이클을 적용해보았어요. 그랬더니 관계에서 유연해지고 상대에 대한 포용의 마음이 생기며, 더 성장하게 되었어요. 그러다 보니 업무에서도 훨씬 효율적이 되더라고요."

에니어그램을 통해 나와 상대를 이해하고 수용함으로써 얻게 된 소중한 결과이다. 이렇듯 나를 알고 상대를 아는 것은 너무나 중요하다. 그러면 나는 어떤 고유한 성격을 가진 어떤 씨앗일까? 나는 누구인가?

나를 꽃씨처럼 심으면 어떤 모양, 어떤 색깔의 꽃이 필까? 그리고 어떻게 나라는 씨앗의 속성을 알 수 있는가? 즉 내가 누구인가를 알 수 있는가?

나다움을 알기 위해서는 먼저 내가 누구인가를 알아야 하기 때문이다. 내가 누구인가를 알아야 나답게 살 수 있다.

이에 대한 해답을 고대부터 전해 내려온 지혜인, 에니어그램에서 찾을 수 있다. 에니어그램은 사람을 꽃씨로 비유하면 9가지 씨앗(존재방식)으로 크게 분류하고 있다. 좀 더 세분화하면 27가지로 분류한다. 이러한 에니어그램은 마치 인성 맵처럼 정확하게 나 자신에 대해서 알려준다. 신기할 정도다. 너무나 정확하게 알려주기 때문에 고대에서는 악용되지 않도록 비전으로 전해져 내려왔다고 한다. 그리고 현대에 와서 대중화되면서 상담, 교육, 코칭, 기업현장 등에서 다양하게 사용되고 있다.

필자는 십 년 이상 에니어그램 강의를 하고 있는데, 교육에 참여하신 분들이 자신을 표현하는 문장들이 어떻게 이렇게 강의 안에 다 있을 수 있는지 놀랍다고 한다. 혹은 어떤 분은 자신을 너무나 잘 이해하는 언어들을 강사가 사용해서, 자신이 이해받은 것 같아 그 감격으로 눈물을 흘리기도 한다. 모두가 에니어그램이 주는 감동이다.

필자는 교육현장에서 받은 이 감동을 정리하고자 이 책을 쓰게 되었다. 이 책은 다음의 세 가지 측면에 주의를 기울이면서 집필되었다.

먼저 2500년 역사를 가진 에니어그램이 탁월하긴 하지만 아쉬운 점이 하나 있다. 정확하게 자신의 유형을 찾기가 어렵다는 점이다. 보통 검사지를 사용해서 유형을 찾고는 하지만 정확하게 나오지 않는다.

검사지는 내 현재의 성격을 물어보게 되고 현재의 내 성격은 환경에 의해 통합된 성격이라, 통합 전의 타고난 바탕성격을 찾는 것이 어렵기 때문이다. 또는 평소 지향하고 있는 성격을 나의 성격으로 생각하고 검사지의 해당사항에 체크할 수도 있다. 이런 이유들로 검사지로 통합되기 이전의 내 바탕성격을 찾는 것은 매우 부정확하다.

따라서 이 책에서는 나의 유형을 '격정'을 통해서 찾는다. 각 유형마다 고유의 격정이 있다. 영어로는 passion이라고 하는 이 격정은 열정과 동전의 양면이다.

격정은 마치 돌부리에 걸린 것처럼 넘어지게 하고, 격정에 사로잡히면 삶이 어려워진다. 그러나 이 격정을 잘 활용하면 열정이 된다. 격정은 부정적이기는 하지만 하나의 에너지 덩어리이기 때문이다.

따라서 이 격정을 다스려 긍정적으로 잘 활용하면 삶에서 열정으로 작용하게 된다. 즉 야생마인 격정을 다스려 준마인 열정으로 바꾸는 것이다.

격정이 열정으로 작용하는 원리는 열등감에 젖어 있던 사람들을 노력하게 만들어 그 열등감이 오히려 삶의 에너지가 되어, 즉 열정이 되어 무언가를 성취하는 경우와 같다. 예를 들어 불안이 격정이라고 하자.

강력한 부정적 에너지 덩어리인 그 불안으로 인하여 그 어떤 것도 시도해보지 못하고 있다면 이는 불안이 격정으로 작용하고 있는 것이다. 그러나 불안하기 때문에 미리미리 대비하고 모든 일에 열심을 내고 또 준비한다면 이 불안은 열정으로 작용하고 있는 것이다. 이러한 격정은 유형에 따라 그 내용이 다르지만 어느 유형이나 지니고 있다. 즉 모든 사람은 자신만의 고유한 격정을 가지고 있다. 따라서 자신의 격정을 찾을 때 자신의 유형을 정확하게 찾을 수 있다.

다음으로 내가 어떤 씨앗인가를 알기 위한 노력은 내가 어떤 꽃을 피워야 하는가를 알기 위함이기도 하다. 우리는 모두 자기의 꽃을 피우면 된다. 즉 나답게 살면 되는 것이다.

이 책에서는 격정으로 정확하게 찾은 내 씨앗의 성격에 근거하여 내가 어떤 꽃을 피우는 것이 가능하고 또 피워야 하는가를 안내할 것이다. 곧 어떻게 사는 것이 나답게 사는 것인지를 안내할 것이다.

우리는 나답게 살겠다고 결심하지만 어떻게 사는 것이 나답게 사는 것인지 모르고 있는 경우가 다반사다. 그래서 이 책에서는 나다움, 즉 다시 말해 자아실현의 '방향성'을 제시할 것이다.

에니어그램이 다른 성격검사와 탁월하게 구별되는 것은 이렇듯 자아실현의 '방향성'을 분명하게 제시한다는 점이다.

마지막으로 그 '방향성'대로 가기 위한 두 가지 방법을 제시할 것이다.

먼저 하나는 자신을 코칭하는 것이다. 스스로를 코칭할 수 있도록 즉 셀프 코칭할 수 있도록 돕겠다는 것이다.

코칭은 우리에게 동기부여를 해주고 실행계획을 뽑아내주는 아주 탁월한 방법이다. 전 구글 회장인 에릭 슈미트는 자신이 받은 조언 중에 최고의 조언은 "코치를 고용하라!"라는 것이라고 말한다. 코칭은 질문을 하고 그 질문에 대한 답을 찾는 과정에서 변화와 성장이 일어나도록 한다.

셀프코칭은 내가 나에게 질문하고 내가 답을 하는 방식이다. 따라서 질문은 아주 중요하다. 어떤 질문을 받느냐에 따라 답이 달라지고 관점이 변화되며 인식이 확장될 수 있기 때문이다.

이 책에서는 각 유형에 맞는 셀프코칭 질문 열두 가지를 제시하고 있다. 이 질문들을 나에게 던짐으로써 변화와 성장이 일어나, 내가 나아가야 할 자아실현의 방향을 지향해 갈 수 있고 나답게 자연스럽게 살 수 있을 것이다. 그리고 이에 더하여 손쉽게 할 수 있는 두 번째 방법을 제시하고자 한다. 바로 에니어그램 수련법이다. 9가지 에니어그램 유형들은 모두 나름의 행동패턴을 가지고 있고 또 맞춤수련법이 있다. 이러한 이론에 근거하여 필자가 필자 자신의 경험과 다년간의 임상경험을 통하여 정리한 행동패턴의 선순환 사이클과 악순환 사이클을 소개할 것이다. 이를 통해서 내 '방향성'대로 갈 수 있고 내 안에 있는 나의 긍정적인 특성들을 끌어올릴 수가 있다.

의도적인 행동패턴의 변화와 간단한 수련으로 자아실현의 방향으로 나아가 나의 최상의 모습을 드러낼 수가 있어서 지극히 매력적일 것이다. 그러기 위해서는 언급한 자신의 유형을 정확하게 찾는 것이 무엇보다 중요하다. 정확한 유형을 찾아야만 자신에게 맞는 셀프코칭 질문을 할 수 있고 행동패턴의 변화방향과 수련법도 찾을 수 있기 때문이다.

이 책이 목적하는 바를 요약하면 '나의 유형을 정확하게 찾는다.' 그 다음이 '자아실현의 방향성(나다움, 내가 피워야 할 꽃)을 안다.' 그리고 그 후 '셀프코칭과 행동패턴의 변화, 내게 맞는 수련법을 통하여 나의 꽃을 피운다. 즉 나답게 산다.'이다. 모쪼록 이 책과의 만남이 자기를 찾아 떠나는 행복한 여정이 되길 기원한다!

아울러 본서의 내용 중 본인의 미출간된 원고를 사용할 수 있도록 배려해주신 황애란 교수께 깊은 감사를 드린다. 또한 본서의 사례가 되어주신 모든 분들께도 감사의 마음을 전한다.

2019년 10월 저자

## 차 례

서문 나는 어떤 꽃을 피우도록 창조되었을까 ·················· 4

## 제1부 나는 어떤 사람일까

### 1장 에니어그램에서 말하는 격정
기존 에니어그램 검사지의 한계 ························· 18
격정이란: 감정적 습관 ····························· 25
각 유형의 격정 ································· 30
고착: 사고적 습관 ······························ 36

### 2장 격정으로 나를 찾기
각 유형을 설명해주는 중요 단어들 ····················· 45
격정이 2~3개 나오는 이유: 날개, 화살 ··················· 50
그 밖에 장단점으로 유형 찾는 법 ····················· 53

# 제2부 자아실현(나다움)을 위해 어느 방향으로 나아가야 할까

## 3장 에니어그램에 대한 소개 및 세 가지 에너지

에니어그램에 대한 소개 ·································································· 74

세 가지 에너지 ············································································ 79

## 4장 각 유형에 대한 설명

개혁가형(1유형) ··········································································· 88

배려자형(2유형) ··········································································· 96

성취가형(3유형) ·········································································· 103

예술가형(4유형) ·········································································· 111

관찰자형(5유형) ·········································································· 119

헌신가형(6유형) ·········································································· 128

열정가형(7유형) ·········································································· 135

도전자형(8유형) ·········································································· 143

평화주의자형(9유형) ····································································· 151

## 5장 화살, 날개 더 알기

화살 ·········································································· 164

날개 ·········································································· 170

성숙수준 알기 ····························································· 176

하위유형 알기 ····························································· 184

## 6장 각 유형의 자아실현 방향성

1유형: 열정가형을 지향하기 ········································· 203

2유형: 예술가형을 지향하기 ········································· 206

3유형: 헌신가형을 지향하기 ········································· 209

4유형: 개혁가형을 지향하기 ········································· 212

5유형: 도전자형을 지향하기 ········································· 215

6유형: 평화주의자형을 지향하기 ·································· 218

7유형: 관찰자형을 지향하기 ········································· 221

8유형: 배려자형을 지향하기 ········································· 224

9유형: 성취가형을 지향하기 ········································· 227

# 제3부 자아실현(나다움)으로 가기 위한 수련법

## 7장 에니어그램 셀프코칭

코칭이란 ·················································································· 234

각 유형별 셀프코칭 질문 ······················································· 237

## 8장 나의 수련법

행동패턴 ·················································································· 248

성숙점의 행동패턴을 지향하기 ············································· 252

성숙점의 행동패턴을 지향하기 위한 각 유형의 수련법 ········· 259

행동패턴의 선순환 사이클과 악순환 사이클 ························· 263

나비처럼 가볍게! 독수리처럼 자유롭게 ······························· 276


부록 | 에니어그램을 도입한 학원사례 ······························· 279

# 제 1 부

# 나는 어떤 사람일까

이 세상에서 제일 중요한 일 중 하나가 나를 아는 일이다. 에니어그램 전문가 고 김영운 교수는 자신을 아는 것은 신 앞에 섰을 때, 자신을 모른 채 우주의 모든 가득한 별들의 운행을 알고, 모든 약초들의 효험을 알고, 모든 인간과 동물들의 본성을 알면서, 하늘과 땅에 사는 모든 존재자들의 재주와 능력을 다 가지는 것, 그것보다 낫다고 하였다. 세상으로 나아가는 숱한 좋은 길들이 있다 하더라도 자신으로 나아가는 길보다 더 나은 길은 없다고도 한다.

이렇듯 자신을 아는 일이 중요함을 알고 있어도 우리는 자신을 아는 일에 의식적으로 크게 노력을 기울이고 있지는 않은 것 같다. 물론 살다 보면 조금씩 자신을 알아가기도 하지만 그것으로 그만이다. 사는 것이 바쁘기 때문이기도 하다. 그러나 나를 잘 아는 것은 내가 어느 방향으로 가야 하는가를 알려주는 방향키가 될 수 있다.

요즘 속도보다 방향이 중요하다고 모두들 입을 모은다. 그러나 나를 모르면 내가 어느 방향으로 가는 것이 좋을지 알 수가 없다. 나를 모르므로 내게 맞는 방향도 알 수가 없는 것이다. 그러다 보니 세상에서 정해주는, 혹은 세상이 기대하는 방향으로 무작정 죽자고 뛴다. 그런 사람이 많아서 속도보다 방향이 중요하다는 말이 나왔는지도 모르겠다.

다음으로 내가 어느 방향으로 뛰어야 하는가를 안다는 것은 무엇을 선택하는 것이 나답게 사는 것인가를 안다는 것이다. 즉 내게 맞는 것을 선택할 수 있다는 말이다.

한때 '순간의 선택이 십 년을 좌우한다.'라는 홍보문구가 있었다. 그만큼 선택이 중요하다는 뜻이다. 그런데 이러한 선택도 나를 잘 알게 되면 내게 맞는 선택을 할 수가 있다. 순간의 선택이 십 년만 좌우하겠는가! 평생도 좌우한다.

나를 모르면 내게 맞는 것이 무엇인지도 모른 채 선택할 수가 있다.

세상에서 말하는 기준에 따라 선택하게 되고 그러고 나서야 내게 맞지 않는 옷과 같구나 하는 후회를 하는 경우가 얼마나 많은가!

모든 가전제품에는 사용설명서가 있다. 사람도 마찬가지로 사용설명서가 있으면 아주 편할 것이다. 나를 잘 사용하는 사용설명서, 내가 사랑하는 사람들을 잘 대할 수 있는 사용설명서가 있으면 관계 속에서 오해나 불필요한 갈등들이 생기지 않을 수 있다. 그리고 나를 이해하고 수용하고 나아가 타인도 쉽게 이해하고 수용할 수 있을 것이다. 그 사용설명서를 보면서 상호교류하면 되니까 말이다.

그런데 다행스럽게도 인류는 그런 사용설명서를 가지고 있다. 바로 고대의 지혜인 에니어그램이다. 에니어그램은 아주 훌륭한, 사람에 대한 사용설명서이다. 즉 내가 어떤 사람인지 무엇이 나다움인지, 자신에 대해서 또 타인에 대해서 알려주는 탁월한 사람 사용설명서이다.

지금부터 우리는 이 사용설명서를 활용해서 내가 누구인지 나는 어떤 사람인지 찾아가는, 나를 찾아 떠나는 여행을 시작할 것이다. 자! 출발이다.

# 1장

# 에니어그램에서 말하는 격정

에니어그램을 통해서 내가 어떤 사람인지 알기 위해서는 격정을 알아야 한다. 에니어그램에서 격정은 무척 중요한 개념이며, 자신의 격정을 알아서 격정을 다스려야 된다.

모든 사람은 격정을 가지고 있다. 이 격정에 사로잡히면 자신의 삶에 돌부리와 같아서 걸려 넘어지게 된다. 그러나 야생마와 같은 이 격정을 잘 다스리면 준마가 되어준다. 야생마인 격정을 준마인 열정으로 바꾸려면 우선 나의 격정이 무엇인지 알아야 한다. 또 격정을 찾음으로써 내가 누구인지 어떤 유형인지도 알 수 있다. 그렇기 때문에 격정을 찾는 일은 아주 중요하다. 격정을 찾는 것은 에니어그램에 입문하는 첫걸음이라 할 것이다.

# 기존 에니어그램 검사지의 한계

2500년 역사를 가진 에니어그램은 인성지도라고 할 만큼 개개인 사람을 잘 설명하고 있다. 그러나 아쉽게도 유형을 찾기가 쉽지 않다. 이는 에니어그램이 한두 학자의 머릿속에서 만들어진, 딱 맞아떨어지는 이론이 아니라 인류의 오랜 경험에서 나왔기 때문이다. 그러다 보니 다른 성격 검사지처럼 표준화된 검사지가 없다. 다만 각 유형의 특성을 스무 가지 정도 열거하여 그 특성이 몇 가지 나오는지를 체크하여 숫자가 많이 나오는 것을 자신의 유형으로 간주할 뿐이다. 그러나 이렇게 자신에게 맞는 특성을 체크하여 유형을 찾는 검사지는 자신의 타고난 유형을 찾는 데 한계가 있다.

그중 하나로 성격은 상황에 적응하기 위해 계발되고 또 여러 가지 성격들이 통합된다는 점이다. 그런데 검사지로 자신의 성격적 특성을 체크하면 타고난 성격인지 상황에 적응하기 위해 학습된 성격인지 알 수가 없다. 이러한 점을 감안하여 체크할 때 20대를 기준으로 하라는 지시사항이 있기는 하다.

20대까지는 아직 여타 성격이 많이 계발되지 않았고 또 자신만의 성격이 오롯이 올라와 있다고 보기 때문이다. 그러나 20대라 할지라도 자신의 성격으로 살지 못할 경우가 있다. 부모나 주변의 지나치거나 부적절한 기대에 맞춰서 살 수밖에 없는 상황이 있을 수 있기 때문이다. 그래서 자신의 연관된 성격, 즉 화살방향의 성격이나 날개의 성격이 더 뚜렷하게 드러날 수 있다. 그렇게 되면 화살이나 날개의 성격을 자신의 고유한 성격으로 알게 된다. 이것은 참으로 안타까운 일이다.

또한 40대 이상일 경우 자신의 20대의 성격을 잘 기억하지 못하는 수가 많다. 더구나 50대 이상의 사회생활을 치열하게 한 사람들은 거의 모든 성격들이 골고루 통합되어 있다. 그래서 검사지로 자신의 유형을 찾는 것은 정확하지 않을 확률이 매우 높다.

둘째로 검사지로 체크할 때는 드러난 행동만을 체크할 뿐 그 행동 아래 있는 동기나 드러나지 않은 욕구 같은 것은 알 수가 없다. 에니어그램에서는 행동 아래 있는 동기나 숨겨진 욕구가 중요하다. '친절'이라는 같은 행동을 두고도 2유형 같은 경우는 사랑받기 위해서 그러한 행동을 하고 9유형 같은 경우는 갈등을 일으키지 않고 사이좋게 지내고 싶어서 그런 행동을 한다. 이렇듯 동기나 욕구에 따라서 유형이 구별되기 때문에 뿌리인 동기나 욕구를 보지 않고 드러난 줄기인 행동만 보고 유형을 판단하는 것은 정확하지가 않다.

마지막으로 검사지가 정확할 수 없는 이유는 체크하다 보면 자신이 되고 싶은 이상적인 성격을 체크하여 자신의 성격으로 착각할 수 있다는 점이다. 늘 추구하는 성격이 있을 때 검사지에서 그러한 성격의 문항이 있으면 누구나 순간 자신의 고유한 성격으로 착각할 수 있다. 이러한 이유들로 해서 검사지로 찾은, 체크개수가 많이 나온 유형을 나의 유형으로 받아들이기에는 여러모로 무리수가 있다.

한편 검사지는 우리의 성격, 즉 에고를 측정하는 것이다. 우리의 본질인 에센스는 측정할 수 없다. 따라서 에고를 벗어난 사람, 즉 성격을 벗어난 사람은 체크할 것이 없게 된다.

수련을 오래 한 고승이거나 수도사일 경우 성격에서 벗어나 있을 수 있다. 일반인이라 할지라도 명상이나 수련을 통하여 성격의 감옥에서 탈출한 경우가 많다. 그럴 경우 기본유형은 없는가? 그럴 경우에도 타고난 기본유형은 있다. 다만 그 성격에서 벗어나 자유로울 뿐이다. 그리고 성격을 벗어나 있는 이들에게 성격을 묻는 검사지로는 기본유형을 찾을 수 없는 것뿐이다. 물론 이들이 20대 때 자신의 모습을 기억하여 체크한다면, 그리고 그들이 20세까지 자신의 타고난 모습으로 길러졌다면 어느 정도 정확하게 기본유형을 찾을 수 있겠지만 말이다.

이러다 보니 검사지로 유형을 찾은 사람 중 많은 사람들이 검사를 할 때마다 유형이 다르게 나온다고도 한다. 그러면서 에니어그램 유형은 가변적인 것이라고 생각한다.

그러나 에니어그램 유형은 태어나면서부터 죽을 때까지 바뀌지 않는다. 국화종자는 죽을 때까지 국화이고, 장미종자는 죽을 때까지 장미인 것이다.

그러나 성격검사 중 잘 알려진 MBTI는 상황에 따라 바뀔 수 있다. MBTI는 '성향'을 체크하는 것이기 때문이다. 입맛이 조금씩 달라지듯 성향은 환경에 따라 조금씩 달라질 수 있다. 그러나 에니어그램은 환경에 따라 달라지는 것이 아니다. 다만 환경에 따라 기본유형 외의 다른 성격이 계발되어 혼합될 뿐이다. 그래서 외관상 성격이 달라진 것처럼 보일 수 있지만 기본유형은 변함없다.

검사를 할 때마다 유형이 다르게 나오는 사람은 정확한 유형을 찾지 못한 사람이다. 기본유형을 찾는 것이 사람에 따라서는 몇 년씩 걸리는 경우도 있다. 수년간 에니어그램 프로그램을 찾아다니면서 공부하고 자신을 성찰한 뒤에야 검사지로 찾은 유형이 자신의 스트레스점 유형이라는 것을 안 사람을 본 적이 있다.

그래도 이런 경우는 공부를 계속하면서 자기기억과 자기관찰을 하였기 때문에 기본유형을 찾는 것이 가능해졌다. 그러지 못하고 검사지로만 찾았을 경우에는 유형을 잘못 찾고 뭔가 맞지 않는 기분이 들어 에니어그램에서 관심이 멀어지기가 다반사다. 유형을 정확하게 찾으면 자신을 정확하게 말해주는 에니어그램에 매료될 텐데 말이다.

필자가 에니어그램을 만난 것은 십여 년 전이다. 필자 역시 당시 검사지를 통해 나의 유형을 찾았는데 1번이 나왔다. 필자는 1번의 특성을 많이 가지고 있는 평소 자신의 성격에 대해 역시 난 그렇구나 하며 당연하게 받아들였다. 그러나 에니어그램을 깊이 있게 공부하고 연구하면서 1번이 아닌 4번이란 걸 알게 되었다. 1번은 나의 성숙점 성격이었다. 내 고유한 성격바탕은 4번이었다.

내가 4번이란 걸 알게 되니 나 자신이 한결 편안하게 느껴졌다. 나를 수용할 수 있었기 때문이다. 내가 태어날 때 4번의 특성을 지닌 씨앗이었다면 그 특성 중 어느 부분이 좀 마음에 들지 않더라도 어쩌겠는가! 일단 나를 수용할 수밖에…….

내가 에니어그램을 깊이 있게 연구하지 않았다면 스스로를 1번으로 알고 자신의 진짜 성격인 4번 특성 중 일부 특성을 살짝 불건강한 것으로 받아들였을지도 모른다. 1번 입장에서 4번은 스트레스 방향이라 4번의 일부 특성이 특별히 못마땅할 수도 있기 때문이다. 그러나 4번으로 나를 인식하고 나니 나의 부정적인 특성조차도 4번의 존재방식에서 오는 그림자라는 생각으로 한결 관대하게 받아들일 수 있게 되었다.

재미있는 것은 지금도 검사지로 유형을 찾으면 여전히 1유형으로 나온다는 것이다. 모 기관에서 유형을 보다 정확하게 찾기 위한 노력으로, 질문을 유형별로 나누지 않고 각 유형별 질문 스무 가지에 아홉 유형을 섞어서 180문항으로 제작하여 섞어놓고 유형을 찾게 하였다.

한 유형의 특성만 모아놓으면 체크할 때 검사자가 비슷한 특성을 계속해서 체크하려는 관성이 생길 수 있기 때문에 그를 배제하기 위한 시도였다. 그런 시도에도 불구하고 나의 경우 역시 1번으로 나와, 나의 기본유형이 아닌 성숙점 유형이 나왔다. 학습되고 계발된 행동이 많이 포함된 드러난 행동만 체크하게 되기 때문이다.

또 이런 사례도 있다.

이제 막 대학에 입학한 신입생인데 검사지로 성격을 체크했을 때 1유형, 2유형, 3유형, 5유형, 6유형이 18개로 같게 나왔다. 그리고 4유형이 13개, 7유형이 14개가 나왔다. 8유형과 9유형은 7개로 같게 나왔다. 이 학생은 무슨 유형으로 봐야 하는가?

이렇듯 검사지로 유형을 정확하게 찾을 확률은 낮다. 다만 검사지로는 성격이 어떻게 발달되어 있는지는 알 수 있다. 각 유형의 성격의 체크개수를 보면 그 성격이 어느 정도 계발되었는지 알 수 있기 때문이다.

대체로 한 유형에서 10가지 이상 올라오면 그 성격이 계발되어 있다고 볼 수 있다. 이런 점에서 위의 검사지로는 해당 학생의 성격이 어떻게 발달되어 있는지는 알 수 있다. 그리고 이 학생은 성격이 골

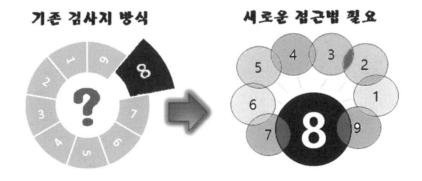

고루 잘 발달되어 있다. 그러나 이 검사결과만 가지고는 기본유형을 알 수는 없다. 이러한 여러 가지 많은 이유들로 해서 에니어그램 기본유형을 찾기 위해서는 검사지가 아닌 다른 방법으로 접근할 필요가 절실하다.

# 격정이란: 감정적 습관

　필자는 격정으로 에니어그램의 유형을 찾는 에니어그램 연구가
이다.

　에니어그램에서 격정은 매우 중요한 개념이다. 한마디로 해서 격
정은 '감정적 습관'이다.

　우리는 습관적으로 자신 유형의 격정에 해당하는 감정을 느낀다.
이 감정을 습관적으로 끼고 살다 보니 자신이 이러한 감정을 느끼는
것조차 인식하지 못하기도 한다. 마치 우리가 산속에 처음 들어가면
산속 공기가 너무 신선해서 감탄하다가도 오래 머물면 익숙해져서
크게 느끼지 못하는 것과 같다. 이렇듯 우리 모두는 자신의 유형에
해당하는 격정의 감정적 공기 안에서 산다. 때로는 상황에 따라 다
른 감정을 느끼고 다양한 감정들을 느끼지만, 격정은 내 정서의 저
변에 늘 깔고 있는 감정이다. 습관적으로 느끼는 감정이고 내 정서
를 형성하는 구성요소가 되어 있는 감정인 것이다.

　이러한 격정은 내 삶의 발목을 잡는 부정적인 감정이다. 늘 걸려

넘어지는 돌부리처럼 이 격정으로 인하여 삶 속에서 어려움을 겪을 수 있다.

자신이 살아온 날들을 살펴보자. 어떤 특정감정으로 인하여 자주 삶 속에서 어려움을 겪지 않았는가? 그것이 감정적 습관, 바로 나의 격정이다. 예를 들어 분노가 감정적인 습관인 사람은 분노로 인하여 관계나 일을 그르치고 넘어진 경우가 허다할 것이다.

그러나 다행히 격정을 잘 다스려 열정으로 바꿀 수가 있다. 격정은 하나의 에너지 덩어리인데 부정적인 에너지 덩어리이기 때문에 문제가 된다. 그러나 이것을 야생마처럼 올라타서 잘 다스리면, 준마처럼 열정으로 바뀐다.

영어에서는 격정이나 열정 모두를 passion이라고 하고 있다. 그러니까 내가 가지고 있는 습관적인 감정을 잘 다스리면 삶 속에서 열정으로 작용해주고, 잘 다스리지 못하고 그 감정에 휘둘리면 격정이 되어 내 삶을 어렵게 하는 것이다.

그러나 격정이 열정이 되면 격정은 더 이상 나의 삶을 어렵게 만드는 부정적인 에너지 덩어리가 아니다. 오히려 내 삶의 디딤돌이 되는 긍정적인 에너지 덩어리가 된다.

필자는 에니어그램 4번 유형으로 '시기'가 감정적 습관인 격정이다. 그런데 야생마인 격정을 잘 다스려 준마인 열정으로 바꾼 경험이 있다.

필자는 20대 때 교수가 되고 싶었고 그래서 대학원에 진학하여 공부를 하였다. 그러나 결혼 후 출산과 양육으로 가정에 파묻히면서 교수의 꿈을 접었다.

그 후 20여 년 가정생활을 하다가 어떤 계기로 다시 상담을 공부하게 되었는데 강사에 대한 부러움과 시기심으로 강의내용이 잘 들어오지 않았다. 나도 계속 공부했으면 저 자리에서 강의를 할 텐데 하는 아쉬움이 너무도 컸다. 그때 나의 내면에서 "너, 그러면 저 자리에서 강의할 만한 지식은 있니?"라는 소리가 들렸다.

그러나 없었다. 그러면 어떻게 해야 하는가? '저 자리에서 강의할 수 있는 실력을 기르자!'라는 각오를 다지게 되었다.

그 뒤부터는 정말 치열하게 공부했다. 그리하여 대학원 학우들이 왜 그렇게 열심히 하느냐고 묻기도 하고, 학우들 중에서 제일 열심히 공부한다고도 하고, 어디서 그런 에너지가 나오느냐고 감탄하기도 했다.

격정을 열정으로 바꾼 것이다. 그래서 지금은 다양한 교육프로그램을 기획하기도 하고 강의도 재미있게 즐기면서 하고 있다. 또한 상담과 코칭으로 사람들의 변화와 성장을 돕고 있다.

필자의 에니어그램 교육에 참여한 '분노'가 격정인 1유형인 어떤 분은 사람들이 하는 것이 무엇인가 마음에 들지 않아 분노가 일어날 때면 '솔선수범함'으로써 격정을 열정으로 바꾼다고 하였다.

분노로 인해 열정적으로 솔선수범하게 되는 것이다. 분노라는 격정의 부정적인 에너지 덩어리를 솔선수범이라는 열정의 긍정적인 에너지 덩어리로 바꾼 예이다.

또 다른 분은 불안이 격정인 6유형인데 자신의 전문성을 키우기 위해서 열심히 여러 가지 교육에 참여하면서 평생학습을 함으로써 불안을 극복하고 있다고 하였다. 그는 불안한 만큼 그 불안을 에너지 삼아 열정적으로 평생학습에 임하는 것이다. 그가 적지 않은 나이에도 그렇게 열심히 공부하도록 하는 에너지가 '불안'이라는 격정이었다. 불안해서 공부에 열정을 쏟는다. 그럼으로 해서 불안에 사로잡히지 않는 것이다.

모두가 부정적인 에너지 덩어리를 긍정적인 에너지 덩어리로 만든 예이다. 다시 말해 내 삶에 부정적인 영향을 미치면 격정이 되고, 그 에너지를 사용해서 내 삶에 긍정적인 영향을 미치게 되면 그 격정은 열정으로 작용하는 것이다.

에니어그램은 아홉 가지 유형이므로 아홉 가지 격정이 있다. 이것을 모두 기독교적으로 보면 9가지 죄성이다. 우리 모두 이 9가지 감정을 하루에도 수시로 경험할 수 있다. 그러나 내 정서를 이루면서 지속적으로 나와 함께 하는 감정이 있다. 그것이 나의 격정이다.

자신의 격정을 알게 되면 내 성격의 본바탕 모습을 찾을 수가 있다. 격정은 일생 변하지 않기 때문이다.

이 격정은 내가 성숙하면 점점 옅어질 수는 있다. 그래서 인간적으로 성숙한 사람은 격정이 거의 드러나지 않기도 한다. 그들은 격정에 휘둘리지도 않는다. 그러나 격정이 없어지지는 않는다. 단지 희미해진 것뿐이다.

이제 내가 어떤 사람인지, 내 유형을 찾기 위해서 이러한 격정을 알아보자.

# 각 유형의 격정

### 욕망(lust)-8유형

8유형은 칭기즈 칸이나 알렉산더처럼 자기영역을 확장하고자 하는 욕망이 강하다. 이러한 욕망으로 인해 모든 외부의 자극에 대해 지나칠 정도로 강렬하게 반응한다. 그리고 신체적인 만족을 통해 내면의 공허감을 채우려고 한다.

8유형에게는 욕망으로 인해 얻을 수 있는 여러 만족이 있는데 그중에서 하나가 성적 만족이다. 이들은 강렬함이나 통제, 자기 확장에 대한 욕구에 의해 동기를 부여받는다. 한마디로 치열하게 산다.

### 나태(laziness)-9유형

9유형의 나태는 내면의 감정, 감각, 욕구를 알아차리는 데 있어서 활력을 쏟지 않는 것을 말한다. 여기서 나태는 행동하기를 싫어한다는 것이 아니다. 다만 내면에서 무슨 일이 일어나고 있는지를 돌아보아야 할 때에 자기 자신에게 무관심하고 타성에 젖어 있다는 의미이다.

9유형들도 바쁘며 부지런할 수 있다. 따라서 이는 단순한 게으름이 아니고 자신을 망각하는 것이다. 또 삶에 의해 영향받지 않으려는 마음이다. 다시 말해 삶에 완전히 뛰어들어 활기차게 살고 싶어하지 않는 마음이다.

### 분노(anger)-1유형

분노는 1유형들이 추구하는 완벽함을 이루지 못할 때 일어난다. 그러나 1유형들은 이 분노를 억압한다. 분노하는 모습이 완전함과 거리가 멀기 때문이다. 그들은 불완전한 것들에 대해 적대감을 가진다. 그리고 일이 '어떻게 되어야 한다.'는 식으로 해서 자신의 이상을 주위에 강요하는 경향이 있다. 완벽주의자인 이들은 불완전한 이 세상과 자신에 대해 분노를 느끼고, 분노를 느끼고 있는 자기 자신의 불완전함에 대해서도 불만을 갖는다.

### 교만(pride)-2유형

여기서 교만은 자신을 부풀리고 싶어 하는 욕구이다. 교만은 상대를 무시하는 모습으로 나타나지 않는다. 오히려 상대에 대한 거짓 관대함으로 표현된다. 이들은 친절하고 좋은 성품을 가졌다. 이러한 자신의 성품에 대한 자만심으로 타인보다 자신을 좋게 느낀다. 그리고 이러한 자부심이 상대에 대한 관대함으로 표현되는 것이다. 그들은 신도 자신이 없으면 이 땅에 사랑을 베풀 수 없으리라고 생각한다.

### 허영(vanity)-3유형

허영의 사전적 의미는 자기분수에 넘치는 외관상의 영화 또는 필요 이상의 겉치레이다. 따라서 3유형의 허영이란 다른 사람들에게 보이기 위해서 자기분수에 넘치는 외관상의 영화나 필요 이상의 겉치레를 하면서 살아가는 것을 말한다. 또한 허영은 자신의 이미지에 대한 열정적인 관심으로, 이미지를 본래 모습 이상으로 부풀리는 것이다. 허영으로 인해 3유형은 다른 사람들에게 거짓 이미지를 나타내게 된다.

3유형의 허영은 어떤 상황이든 그 상황에 가장 성공적이고 적절한 이미지를 나타낼 수 있다.

### 시기(envy)-4유형

4유형의 시기심은 근본적인 무엇인가가 자신에게 빠져 있다는 결핍감으로 인해 일어난다. 이러한 결핍감 때문에 다른 사람들은 자신에게 없는 것을 가지고 있다고 느낀다. 그리고 그것을 부러워하고 갈망한다.

시기심은 질투심과 다르다. 질투심은 내 것을 타인에게 빼앗길 때 올라오는 감정이고, 시기심은 내게 없는 것을 타인이 가지고 있을 때 올라오는 부러움의 감정이다. 따라서 4유형은 자신에게 없는 것을 갈구하고 자신의 삶에 주어진 축복들은 알아차리지 못한다. 결핍감 때문에 가까이 있는 자신의 축복은 못 보고 행복을 멀리서 찾는 것이다. 파랑새를 찾으러 먼 길을 떠났다가 찾지 못하고, 집에 돌아와 보니 집에 파랑새가 있더라는 파랑새 동화가 이 유형에게 적절하다.

### 탐욕(avarice)-5유형

5유형은 자신의 내면 자원이 늘 부족하다고 생각한다. 따라서 자원을 비축하여 보유하려고 한다. 그것은 더 많이 가지려는 것보다는 이미 가지고 있는 것을 지키려는 보유의 충동이다. 그리고 이들은 다른 사람들과의 지나친 교류는 그나마 부족한 자신의 자원을 엄청나게 고갈시킨다고 느낀다. 이 강박 때문에 5유형들은 세상과 의사소통하거나 교류하려 하지 않고 자신의 필요를 최소화한다. 그리고 자신의 자원을 붙들고 있다. 즉 보유하고 있다. 이것이 탐욕스럽고 그들의 격정이 된다.

### 불안(fear)-6유형

6유형의 불안은 알 수 없는 위험에 대한 불쾌한 감정이다.

불안은 위험이 어디서 발생할지 알 수 없을 때 발생한다. 그리고 이 알 수 없는 위험과 관련하여 자신의 마음에서 생길 수 있는 걱정, 긴장, 우려를 포함한다. 이러한 불안은 지금 일어나지 않은 일을 두려워하게 한다.

6유형들은 불안한 상태에 지속적으로 머물러 있다. 그리고 최악의 시나리오를 작성하면서 미래에 다가올 나쁜 일을 걱정한다. 이들은 돌다리도 두드려보고 그래도 불안해서 건너지 않을 수 있다.

### 탐닉(gluttony)-7유형

7유형의 탐닉은 쾌락에 대한 갈망으로, 무엇이든 간에 쾌락을 가져다주는 것에 과도하게 빠지는 것을 말한다.

7유형들은 새로운 경험을 통해 자신을 채우려는 강한 욕망을 가지고 있다. 그러나 이들은 결코 자신이 충분히 새로운 것을 경험했다고 느끼지 않고 또 더 원한다. 그렇게 끊임없이 쾌락을 주는 새로운 것을 추구하여 빠져든다. 그것이 학문이든 취미든 직업이든. [1]

이상으로 각 유형의 격정을 알아보았다. 앞에서 얘기했듯 야생마인 격정을 잘 다스려서 준마인 열정으로 바꾸는 것이 중요하다. 하지만 그보다 더 중요한 것은 격정을 극복하는 일이다.

필자는 에니어그램을 만나면서 나에게 무언가가 결핍되어 있다는 결핍감 때문에, 다른 사람은 가지고 있으리라고 생각하고, 다른 사람을 부러워한다는 것을 알았다. 그리고 감정적 습관인 이러한 '시기'를 극복하려면 근원이 되는 이 결핍감을 극복해야 한다는 사실을 알게 되었다. 그래서 개인적인 신앙으로 이 결핍감을 극복하려고 노력한다. 그리하여 격정에서 벗어나려고 한다.

모든 유형 모두 격정의 감정적 습관을 가지게 되는 근원이 있다. 그 근원으로 인하여 그러한 감정적 습관을 가지게 된 것이다. 그것을 스스로 탐색하여 그 근원을 제거하면 격정을 극복하는 것이 쉬워

---

[1] "에니어그램 27가지 하위유형" 비어트리스 체스넛 지음 / 김세화, 한병복 옮김 / 2017 한국에니어그램협회

진다. 이 격정을 잘 극복하기만 해도 나의 자아실현(나다움)에 닿을 수 있다. 격정을 극복하게 되면 격정이 가로막고 있던 내 안에 있는 나의 나다움이 자연스럽게 드러날 것이기 때문이다.

이제 이 아홉 가지 감정(격정) 중에서 나의 격정을 찾아보자. 나의 격정을 정확하게 찾았다면 나의 에니어그램 유형을 정확하게 찾은 것이다. 그리고 잘 다스리면 내 삶의 디딤돌인 '긍정적 에너지'가 되고 더 나아가서 극복하게 되면 나다움에 성큼 다가갈 수 있게 된다.

# 고착: 사고적 습관

격정이 감정적 습관이라면 고착은 사고적 습관이다. 유형을 찾을 때 격정을 찾은 뒤 이 고착을 참고할 필요가 있다. 격정과 고착이 딱 맞아떨어지면 정확한 자기유형이다.

심장형부터 보자.

2유형은 '아첨'이 사고적 습관이다.

이들은 상대의 어떤 점을 좀 과장되게 칭찬하는 경향이 있다. 그래서 상대로 하여금 특별한 기분이 들게 만든다. 아니, 아첨이라니? 내 에니어그램 강의에 참석한 2유형인 어떤 분은 아첨은 좀 너무한 거 아니냐? 그저 다른 사람을 즐겁고 기쁘게 해주기 위해서 좋은 말을 하는 것뿐이라며 억울해 했다. 그러자 그 교육에 참여했던 1유형의 분이 "우린 그걸 아첨이라고 해요!"라고 차갑게 응수했다. 즉 '다른 사람을 기쁘게 해주기 위해서 하는 말일 뿐이다.'라는 2유형 주장과 기쁘게 해주려는 말 자체가 아첨이라고 주장하는 1유형은 다른 유형의 다른 해석이다. 여러분은 어떻게 생각하는가?

3유형은 '기만'이 사고적인 습관인 고착이다.

사회생활을 하기 위해서 쓰는 가면인 페르조나를 진짜 나로 믿는다. 이러한 페르조나를 쓰고 인정받는 이미지를 연출하기 위해 먼저 자신의 감정을 속이고 나아가 자신과 주위 사람을 속이게 된다. 성경 구약에 나오는 팥죽 한 그릇으로 아버지와 형을 속이고 형으로부터 장자의 명분을 뺏은 야곱이 이러한 3유형에 해당한다.

계획된 사기성이라기보다는 과업이 너무나 중요한 사람들이다 보니 단지 일을 진행하는 데 거추장스러운 감정부터 조금씩 속이는 것이다. 자기 자신도 속이고 타인도 속인다. 그리고 일이 되도록 살짝 살짝 편한 대로 사실을 왜곡하는 사고습관이라고 볼 수 있겠다.

4유형은 고착이 fantasy 즉 공상이다.

필자도 어린 시절 공상을 많이 했다. 때로는 공상하는 시간을 얻기 위해서 지름길을 두고 먼 길을 돌아다니기도 했다.

또한 4유형은 fantasy ego가 있다. 자기만의 세계를 가지고 있는 것이다.

모든 사람이 취미생활이나 기타 활동으로 자기만의 세계를 가지고 있을 수 있고, 자기만의 세계를 가지고 있는 사람이 행복하다. 그러나 4유형은 이러한 의미의 자기만의 세계가 아니라 공상의 세계이다.

나이 지긋한 70대의 어느 어머니가 자신의 딸이 4유형으로 보인다면서 "그런데 그 아이는 딴 세계에서 살고 있는 거 같아요……."라고 얘기하는 걸 들은 적이 있다. 잘 본 것이다. 공상의 세계이다.

이러한 공상의 세계를 좀 더 설명해보면, 앞에서 언급했듯 4유형의 자기만의 세계는 일반적으로 취미생활을 한다든지 하는 등의 자기 세계와는 다른 의미이다.

일반적으로 말하는 자기 세계는 그럼에도 현실 안에 있는 세계이다. 물론 4유형도 현실 안에 있는 자기만의 세계도 가질 수 있다. 그러나 4유형이 현실세계와 병행해서 살고 있는 자기만의 세계는 판타지 세계이다.

보통의 4유형들은 두 세계를 왕래하며 산다고 볼 수 있디. 이것이 4유형에게는 전혀 부자연스럽지 않다. 그렇다고 4유형이 현실 세계와 다른 판타지 세계를 사는 현상을 병리적으로 봐서는 안 된다. 보통의 4유형에게는 자연스러운 현상이다.

에니어그램 다른 유형이 판타지 세계를 가지고 있다면 정신건강을 의심해 볼 수 있다. 그러나 4유형은 아니다.

4유형이 척박한 현실에서 살짝 피해 숨 쉴 수 있는 공간이다. 물론 보다 성숙할수록 판타지 세계를 객관적으로 평가하게 되고, 판타지 세계에 머무르는 시간은 적어지거나 없어진다. 그러나 보통의 4유형들은 판타지 세계 속에서 자주 머무른다. 이러한 판타지 세계가 4유형의 고착인 공상과 무관해 보이지 않는다.

다음으로 머리형의 고착을 보자.

5유형은 보유retention가 고착이다.

5유형은 머릿속에서 산다. 즉 생각 속에서 살고 활동은 억제한다. 그리하여 삶에 참여하기보다 관찰한다. 그리고 자신의 인생에서 무슨 일이 일어나고 있는지를 생각하는 것은 세상에 참여하는 것과 같다고 생각한다.

우리가 새해 첫날에 달력을 받고 나서 한 해 동안의 여러 가지 집안대소사나 경축일을 체크하고 나면 마치 한 해를 다 산 거 같은 기분이 살짝 드는 것과 같은 느낌이 아닐까 싶다. 이러다 보니 5유형은 스스로도 그렇게 생각하고 타인이 보기에도 게을러 보인다. 빠릿빠릿하게 움직이지 않기 때문이다. 그러나 머릿속에서는 그 누구보다도 치열하게 살고 있다.

6유형은 의심이 고착이다.

6유형에게는 무엇보다 안전이 중요하다. 안전한지 아닌지 늘 의심하게 된다.

돌다리도 두드려보지만 건너지는 않는다. 불안해서다.

건너다가 무너지면 어떻게 하겠는가? 좀 과장되기는 했지만 이것이 6유형의 고착을 설명해준다. 그리고 전문가도 좀체 믿지 않는다.

병원도 한 곳만 가지 않는다. 여러 군데 다녀봐야 안심이 된다. 잘못 진단할 수 있기 때문이다.

필자는 초기 상담사 시절 6유형 내담자를 첫 상담할 때는 다른 내담자보다 더 긴장되었다. 그 사람이 나의 전문성을 일단은 의심할 수 있기 때문이다.

우리 사회가 안전 불감증에 걸렸다는 얘기를 많이 하지만 6유형에게는 어림도 없는 이야기이다.

7유형은 계획이 고착이다.

7유형은 무언가를 계속해서 계획한다. 다음에 일어날 일을 고대하는 것이다. 머릿속에서 분주하게 이것 다음에 다른 무엇, 하는 식으로 계획하다 보니 다른 유형은 7유형에게서 진득하지 못한 기분을 받을 수 있다.

하루 중에도 이것 다음에 다른 것을 이미 계획하고 있어서 그런 생각 없이 함께 시간을 보내는 사람은 따라가기가 숨차다.

마지막으로 장형의 고착을 살펴보겠다.

8유형의 사고적 습관은 복수이다.

'네가 나한테 그랬어? 좋아, 갚아주지…….'라고 하는 식이다.

60대의 부부관계가 돈독하고 인격도 훌륭한 분이 있었다.

어느 날 화장실에서 볼 일을 보던 중 휴지가 없어서 부인을 불러 휴지를 가져다 달라고 했다. 그랬더니 부인이 휴지를 가져다주면서 "아유! 냄새야, 장이 썩었나 봐."라고 말했다.

다른 날 부인도 화장실에서 휴지를 가져다 달라고 했다. 그러자 그분은 휴지를 가져다주면서 "당신 변은 냄새가 나지 않는다."라고 말했다. 그러자 부인이 "어머, 여보! 고마워요. 당신이 나를 사랑해서 그래요."라고 하더란다.

그때 8유형이신 그분, 사고습관이 복수답게 "당신은 변이 머리에서 나와서 그래!" 하고 한 방 먹였다는 것이다.

이것이 8유형의 사고습관인 복수이다.

교육 중에 이 예화를 들면 많은 분들이 끔찍해한다. 어떻게 그런 말을 할 수 있느냐는 것이다. 그러나 8유형은 대결을 두려워하지 않는, 힘이 중심인 사람이다. 그 분은 그다지 심하다고 생각하지 않을 것이다. 따라서 우리도 너무 심각하게 받아들이지 않아도 될 것 같다.


9유형은 반추ruminate가 격정이다.

9유형의 반추는 하나의 생각을 반복적으로 재검토함을 통해 자신을 위로하는 행위이다. 소가 되새김질하는 것과 같다. replay하는 것이다. 이러한 반추는 9유형에게 애매모호한 평화감을 주고 중요한 문제에 있어 행동을 취할 필요를 대신한다고 한다.

친구 중에 9유형인 친구가 있다.

아름다운 가을날, 친구들과 단풍이 곱게 든 성북동 길을 걸으면서 분위기 좋은 곳에서 식사를 하고 차를 마시는 등 즐거운 시간을 가졌다. 그리고 각자 집으로 돌아갔다.

그날 저녁 늦은 시각, 단톡에 그 친구가 글을 올렸다.

내일 지방에서 친지 결혼식이 있어 새벽 일찍 서울을 출발해야 하는데 오늘의 즐거운 시간을 생각하느라 잠을 미루고 있다는 내용이었다.


1유형은 고착이 평가이다.

고착은 사고적 습관이라고 했듯이 1유형은 습관적으로 평가하는 것이다.

평가를 받는다는 것은 사람을 긴장하게 만든다.

1유형의 코치 중 한 분은 코칭을 받으려고 하는 분이 앞에 딱 앉으면 바로 자동적으로 평가가 일어난다고 한다. 그분 표현에 의하면 '미칠 지경'이란다.

상담이나 코칭은 상대방을 수용하는 분위기에서 진행되어야 한다. 그래도 쉽지 않은데 평가라니! 지금은 많이 나아졌지만 초기 코칭 활동에서 많이 힘들었노라고 한다.

이렇듯 모든 고착은 격정과 마찬가지로 극복되어야 하는 것이다.

# 2장

# 격정으로 나를 찾기

앞의 아홉 가지 격정 중 여러분의 격정은 무엇인가? 그런 뒤 고착도 참고해보았는가?

그 유형이 바로 여러분의 유형이다. 거듭 말하지만 격정을 찾는 것은 자신의 에니어그램 유형을 찾는 것이다.

앞에서 늘 젖어 사는 습관적 감정은 하나이고, 그것이 나의 격정이며 나의 에니어그램 유형을 나타낸다고 했다. 그래서 검사지가 아닌 격정으로 에니어그램 유형을 찾아야 한다고도 했다. 격정으로 찾게 되면 앞에서 언급한 검사지로 찾는 데서 오는 오류를 피할 수 있기 때문이다.

필자 역시 에니어그램을 처음 접하여 검사지로 유형을 찾을 때 1번 유형이 압도적으로 많았다고 했다. 20개 문항에서 18개나 나왔다. 당연히 에니어그램 1번이어야 했다. 그리고 1유형의 특성이 필자가 알고 있는 나 자신과 동일했다. 의심의 여지가 없었다.

그러나 필자는 앞에서 언급했듯 4유형이다. 어떻게 4유형인 줄 알았겠는가? 격정을 보고 알았다. 감정적 습관이 시기였기 때문이다.

지금은 많이 극복되었지만 예전에는 자주 내게는 없고 다른 사람은 가지고 있는 것을 부러워했다. 습관적인 감정인 것이다. 그러다 보니 시기라는 감정이 정서가 된 것이다.

필자에게 4유형의 특성은 그다지 계발되지 않았다. 즉 4유형으로 살지 못했다. 4유형은 예술가형인데 필자의 어린 시절, 섬세하고 특별한 감성을 가진 4유형으로 살기에는 환경이 적절하지 못했다. 개인적으로뿐만 아니라, 한국전쟁이 끝난 지 얼마 되지 않았을 때 태어난 터여서 시대적으로도 그러했다.

요즘의 밀레니얼 세대의, 개인주의적이고 감성적인 라이프스타일이 4유형의 감성이나 취향과 잘 어울린다.

그런데 50년대의 한국사회가 어떠했는가! 밀레니얼 세대의 라이프스타일? 어림도 없는 일이다.

필자가 보기에 과거 우리나라는 에너지 유형 중 장형들이 득세(!)했다. 그 후 머리형이 주목받았다. 요즘 들어서 감성이 주목받고 있다. 그러나 필자가 어린 시절, 감성은 거추장스러운 것으로 여겨지는 시절이었다. 이렇듯 개인적으로나 시대적으로 4유형의 감성이나 특성이 주변에 받아들여지지 않음으로 해서 부지 불식간에 자신을 많이 억압했던 것 같다. 나의 유형으로 살지 못한 것이다.

그래서인지 초기에 질문지로 검사했을 때 4유형은 7~8개 정도가 나왔다. 나의 성숙점(뒤에서 설명할 것이다.)인 1유형보다 10개 정도가 덜 나온 셈이다.

1장에서 언급한, 대학교 신입생의 경우 검사지로 1, 2, 3, 5, 6유형이 모두 18개가 나와서 기본유형이 어느 유형인지 알 수가 없었다. 하지만 격정을 물어보았을 때 '분노'라고 명확하게 말했다. 따라서 이 학생은 1유형이다. 2번이 우세날개이다. 이 학생은 지적으로 매우 탁월한 학생으로 국가경시대회에서 전국 1등을 받았고 대학도 소위 말하는 명문대에 진학한 우수한 학생이다.

따라서 학업성취가 뛰어난 점으로 보아 3유형과 5유형이 많이 계발된 것으로 보인다. 6유형이 높게 나온 이유는 1유형이 2번 날개를 사용하면 6유형과 닮아 보이기 때문이다. 반면 계발되어야 할 성격은 8유형과 9유형의 성격이다. 8유형과 9유형이 7개로 10개 미만으로 나왔기 때문이다. 이렇듯 격정은 검사지로 찾을 수 없는 유형을 정확하게 찾도록 해준다.

# 각 유형을 설명해주는 중요 단어들

그러면 격정은 찾기 쉬운가?

개인에 따라 자신의 격정을 찾는 것이 쉽지 않은 사람도 있다. 보통 자신이 어떤 감정을 습관적으로 가지고 있는지 잘 알지 못하는 경우가 많기 때문이다. 물론 아주 쉽게 찾는 사람도 있다.

격정을 찾으려면 무엇보다 먼저 자신에게 솔직할 필요가 있다. 부정적인 단어들이다 보니 스스로 인정하기가 쉽지 않기 때문이다.

필자의 에니어그램 교육에는 상담사나 코치들이 많이 온다. 그들은 상담이나 코칭 현장에서 내담자나 코치 이를 대상으로 격정을 찾아야 하기 때문에 그들이 격정을 비교적 쉽게 찾도록 간단한 방법을 알려주고 있다. 자신의 격정이 쉽게 찾아지지 않는 독자를 위해서 여기서 그 방법을 소개하면 다음과 같다.

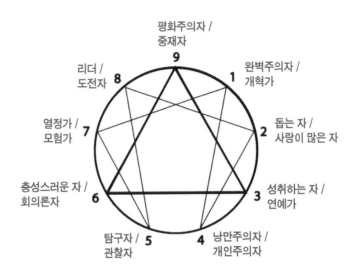

에니어그램 9가지 유형

1번(완벽주의자, 개혁가): 헌신적, 윤리적, 열심히 삶, 믿음직스러움, 현실적, 양심적, 자제력, 책임, 정직, 정당성, 규칙적, 목적추구/자기의, 비판적, 틀에 박힌 사고, 후회, 완벽주의, 청교도주의적, 분노, 원칙주의, 긴장, 완고, 까다로움, 근시안적.

2번(돕는 자, 사랑이 많은 자): 지지, 양육, 관대함, 사려 깊음, 친절, 남을 인정, 공감, 돌봄, 민주적, 희생적, 이야기를 좋아함, 외교적 / 소유욕, 기회주의, 조종, 아첨, 충고자, 참견, 비위를 맞춤, 생색내는, 편협, 오만, 오랜 고통, 회유적.

3번(성취하는 자, 연예가): 조직적, 낙천적, 자기 확신, 효율적, 생산적, 융화력, 추진력, 일의 완성, 열정적, 단호함, 좋은 의사소통, 잘 적응 / 계산적, 기회주의적, 기만적, 과민성, 비밀주의, 인내심 부족, 정치적, 차가움, 일 중독, 정서적 카멜레온, 민첩함, 자기선전.

**4번(낭만주의자, 개인주의자):** 매력적, 통찰력, 예술적, 인간관계, 진실성, 공감, 정확한 가르침, 분명한 사고, 타고난 카운슬러, 독창적, 지각적 예민성 / 비난, 드라마틱, 과대분석, 비판적, 긴장, 분위기에 약함, 오해, 쉽게 당황, 내성적, 자기몰두, 강요, 충족되지 않음.

**5번(탐구자, 관찰자):** 관찰, 신중함, 객관적, 집중, 구도자, 지각적, 호기심, 분별, 논리적, 유머감각, 견문이 넓음, 간결함, 꼼꼼함 / 관여하지 않음, 오만, 거리감, 차가움, 독립적, 냉소적, 경멸, 도량이 좁음, 축척, 은둔적, 요령 부족, 칸 막음.

**6번(충성스러운 자, 회의론자):** 책임감, 충성, 친절, 헌신적, 열정적, 안정감, 믿음직스러움, 준법, 에너지, 네트워커, 협조적, 유머감각 / 과대 관여, 율법주의, 걱정, 의심, 도량이 좁음, 파괴적, 지나친 조심성, 독단적, 결단력이 없는, 관대하지 못함, 주저하는, 일 중독.

**7번(열정가, 모험가):** 격려, 살아 있는, 엔터테인, 즐거움, 젊음, 팔방미인, 낙천가, 열정적, 유머감각, 창조적 비전, 달변, 감사 / 자기탐닉, 냉소적, 피상적, 비현실적, 충동적, 책임감 부족, 옹고집, 과대한 낙천성, 일의 지체, 무감각, 현실도피.

**8번(리더, 도전가):** 자신감, 자기만족감, 단호함, 강함, 진실함, 정열적, 현실적, 비전, 분명한 의사전달, 자기희생적 사랑, 자기주장 / 무감각, 과도함, 옹고집, 문자적, 차가움, 교만함, 버릇없는, 도전적, 협박, 두목행세, 강압적, 거칠음.

**9번(평화주의자, 중재자):** 붙임성 있음, 동요하지 않음, 허세부리지 않음, 자원이 풍부함, 관대함, 젠틀, 사심 없음, 친절, 인내, 외교적, 조화, 무비판적, 편견 없음 / 비밀주의, 간접적, 무기력, 자기만족, 무관심, 저항, 초점 없음, 비헌신, 용서 못 함, 수동공격, 게으름, 관여하지 않음[2].

각 유형 옆에 있는 단어들은 각 유형들의 특성을 설명해주는 단어들이다. 이 단어들은 긍정적인 단어들과 부정적인 단어들로 이루어져 있다. / 앞부분은 각 유형의 긍정적 특성을 뒷부분은 부정적 특성을 설명하는 단어들로 이루어져 있다.

격정을 찾는 방법은 먼저 단어들이 적혀 있는 각 유형 옆에 격정을 쓴다. 아홉 가지 유형 옆에 아홉 가지 격정을 적은 다음 자신에게 전혀 해당되지 않는 격정들을 차례로 지워나간다. 그러다 보면 2~3

---

2) "현대 정신요법과 목회상담", 권희순 교수(2007년도 이화여자 대학교 대학원 강의)에서 자료 제공받음.

개가 남을 수 있다. 물론 한 개가 남는 사람도 있을 것이다. 그 사람은 단번에 자기의 격정을 찾은 사람이다.

2~3개가 남는 사람은 특성을 드러내는 단어들을 읽어보고 그 단어들을 조합해서 어떤 '이미지'를 그려본다. 그때 자신에게 가장 부합하는 이미지에 해당하는 유형의 격정을 자신의 격정으로 보면 될 것이다.

예를 들어 분노, 시기, 탐욕 세 개가 모두 나의 격정으로 보이고 선택하기가 어렵다면 1번의 단어들과 4번의 단어들, 5번의 단어들을 살펴본다. 살펴본 단어들이 나타내는 이미지가 나에게 가장 가까운 것에 해당하는 유형의 격정을 나의 격정으로 보면 된다.

이렇게 해도 명확하게 나의 격정이 이것이라고 느껴지지 않는다면 이 책을 읽는 독자들은 시간을 두고 자신의 감정적 습관을 관찰해 보자. 지난 세월 자신이 자주 사로잡히고 자신의 삶을 어렵게 한 습관적인 감정이 있을 것이다. 격정은 이러한 자기 기억과 자기 관찰로 알아내는 것이 보다 필요하다.

위의 방법은 주어진 시간 안에 유형검사를 하기 위한 방법이다.

# 격정이 2~3개 나오는 이유: 날개, 화살

이렇게 격정을 찾다 보면 대체로 많은 사람들이 격정이 2~3개 나온다고들 한다. 그러면 왜 격정이 한 개로 딱 선택이 되지 않고 2~3개가 모두 나의 격정으로 보이는 걸까?

격정이 2~3개가 나오는 이유는 날개와 화살 때문이다. 날개란 앞의 도표에서 각 유형의 양옆에 있는 번호로, 기본유형의 말 그대로 날개이다.

기본유형이 1번이면 2번과 9번이 날개가 된다.

태어나서 제일 먼저 내 성격에 통합되는 것이 나의 유형이고 다음으로 날개가 통합된다.

날개는 태어날 때 양쪽 날개를 모두 펼쳐서 태어난다고 한다. 그러다가 만 3세가 되면 한쪽 날개가 접히고 만 7세가 되면 접혔던 날개가 펼쳐지며 펼쳐졌던 날개가 접힌다고 한다. 그리고 그 펼쳐진 날개가 나의 주된 우세날개가 된다.

날개가 나의 기본유형 다음으로 통합되는 성격이다 보니 주된 우세날개의 격정도 나에게 강하게 나타날 수 있다.

다음으로 화살이다.

화살은 성숙점(통합점)과 스트레스점(비통합점)을 말하는데 성숙점은 내가 상황이 좋으면 내 유형의 좋은 점이 드러나고 또 더 나아가서 내 성숙점의 좋은 점도 드러나는 유형이 나의 성숙점이다.

4유형인 필자의 성숙점은 1유형이다. 그래서 필자가 검사지로 유형검사를 했을 때 1유형이 많이 나왔고 1유형으로 생각할 수 있었겠지만 1유형은 나의 기본유형이 아니라 성숙점 유형이다. 그러다 보니 1번의 격정인 분노나 고착인 평가도 나에게서 많이 나타난다. 그러나 4유형의 격정인 시기나 4유형의 고착인 공상보다는 훨씬 덜 나타나기 때문에 필자는 4유형이다.

스트레스점은 내가 상황이 나쁘면 나의 나쁜 성격을 사용하고 상황이 더 나쁘면 나의 스트레스점의 나쁜 성격을 사용하는 유형이다. 4유형인 필자의 스트레스점은 2유형이다. 따라서 2유형의 격정이나 고착도 필자에게 나타날 수 있다. 스트레스 상황이 되면 4유형인 필자는 2유형의 부정적 특성인 과도한 의존을 하며 욕구를 부정하게 된다. (날개와 화살은 5장에서 자세하게 다룰 것이다.)

이렇게 기본유형과 날개, 화살은 밀접하게 연결되어 있다. 그러다 보니 격정도 나의 기본유형 격정과 날개의 격정, 화살의 격정이 모두 내 안에 강하게 있을 수 있다. 앞에서 격정을 찾을 때 두 개 혹은 세 개가 나오는 이유가 여기에 있다.

그럼에도 불구하고 자세히 자신을 관찰하면 별다른 큰 자극이 없어도 자주 경험하는 감정이 있다. 그것을 탐색해내는 것이 중요하다. 거듭 강조하지만 자신의 격정을 정확하게 찾아내면 자신의 에니어그램 유형을 정확하게 찾은 것이다. 이렇게 격정을 찾은 뒤 참고로 앞에서 말한 고착도 찾아보면 좋다. 격정과 고착이 딱 맞아떨어지면 빼도 박도 못하는 내 유형이다.

이렇게 해서 우리는 각자의 유형을 찾았다. 격정으로, 거기다 고착을 참고해서.

# 그 밖에 장단점으로 유형 찾는 법

격정으로 유형을 찾는 것만큼 정확하지는 않지만 재미로 간단히 유형을 찾는 법을 소개할 것이다. 장단점으로 유형을 찾는 것이다. 즉 장점 3가지와 단점 3가지를 가지고 유형을 찾는다. 물론 3가지 이상이어도 좋다.

자신의 장단점을 잘 파악하고 있는 사람의 것을 보면 뚜렷하게 유형이 나오는 수가 있다. 친구들과의 대화중에서 놀이처럼 해볼 수 있는 재미있고 간단한 방법이다. 또는 격정이 2~3개 나와서 나의 유형을 확신하기 어려울 때 참고할 수도 있다. 이를 위해 각 유형의 긍정적 특성과 부정적 특성을 살펴보겠다.

### 1유형

(긍정적 특성)

- 모든 일에 솔선수범하며 말과 행동이 일치한다.
- 옳은 일에 나서서 적극적으로 추진하며 한결같다.

- 성실하며 모든 일에 최선을 다하고 매우 생산적이다.
- 도덕적으로 착하고 정직하며 믿을 수가 있다.
- 원칙을 준수하며 공중질서를 지키며 매사에 공평하고 공정하다.
- 공과 사가 분명하고 매사에 빈틈이 없으며 자기관리에 철저하다.
- 인내심이 강하며 끊임없이 노력한다.
- 사심이 없으며 공동체를 위하여 자신을 헌신한다.

(부정적 특성)
- 못마땅한 것이 많으며 작은 실수나 결함조차도 지적하고 분노한다.
- 판단이 단정적이고 이분법적 사고를 가지고 있어 지나치게 비판적일 수 있다.
- 자신이 결정한 일이 공동체를 위한 옳은 일이라고 확신하기 때문에 이를 밀어붙일 수가 있다.
- 감정적으로 다른 사람을 공감하기가 어렵다.
- 지나치게 완벽한 기준을 자신에게 요구하고 다른 사람에게도 요구하므로 항상 자기 자신이나 다른 사람에게 만족하기가 어렵다.
- 매사를 완벽하게 하려고 하므로 소심하고 자신을 지치게 만든다.
- 지나치게 자신의 욕구나 감정을 통제하고 엄격하다.
- 휴식을 할 수가 없다.
- 지나치게 강박적이므로 다른 사람들이 힘들게 느낀다.

– 질투심이 강하다.

## 2유형

(긍정적 특성)

– 밝고 긍정적이며 애교가 많고 따뜻하며 마음이 착하다.

– 타인지향적이며 특히 약자에 대한 관심이 많고 사랑을 실천할
줄 안다.

– 사람들을 좋아하고 행복하게 해주며 다른 사람이 행복할 때 자
신도 행복하다.

– 다른 사람들의 욕구를 구체적으로 파악해 내서 기꺼이 도와주
며 헌신적이다.

– 다른 사람의 감정을 잘 공감해주며 수용해 준다.

– 다른 사람을 아주 특별한 존재로 느끼게 하고 배려해 줌으로써
힘을 실어준다.

– 대인관계의 폭이 넓으며 많은 사람들과 친밀감을 형성할 수 있
고 사람에 따라 자신을 맞출 수 있어 상황에 대한 적응능력이
뛰어나다.

(부정적 특성)

– 마치 구원자처럼 행동하며 은근히 자신의 선한 행동에 대해 자
랑한다.

– 이기적이 될까 봐 두려워서 자신을 위해 정말 하고 싶은 것을

하지 못한다.

- 자신의 감정을 진실하게 표현하지 못하고 다른 사람의 비위를 맞춘다.
- 겉으로 드러내지는 않으나 타인을 배후에서 조종한다.
- 사람에 대한 애정욕구가 강하고 소유욕이 있다.
- 다른 사람의 삶에 사랑이라는 이름으로 지나치게 간섭한다.
- 자신의 주관이 없고 다른 사람이 시키는 대로 한다.
- 감정적으로 여리고 과민하며 관계를 너무 의식한다.
- 남들이 내가 하는 만큼 나에게 배려를 해주지 않을 때 피해의식을 느끼고 화가 난다.

## 3유형

(긍정적 특성)

- 자신감과 긍정적인 마인드를 가지고 있으며 내적동기 유발 능력이 높다.
- 유능하고 과업중심으로 최고를 지향하는 목표관리 전략을 펼칠 줄 안다.
- 사람을 다루는 능력이 탁월하며 지도자적 역량이 있다.
- 모든 일에 신속하고 효율적으로 처리한다.
- 융통성이 있고 조직력이 탁월하다.
- 언변과 설득력이 좋다.
- 폭넓은 인간관계(사교성)를 형성할 수 있으며 인맥을 활용할 줄

안다.

− 상황파악능력과 대처능력 즉 적응력이 좋다.


(부정적 특성)

− 자기 자신의 진정한 모습을 보이지 않으려고 하며 겉으로 드러
난 자신의 이미지를 가꾸는 일에만 관심을 쏟을 수 있다.

− 늘 다른 사람과 나를 비교해서 월등해지고 싶어 하고 지나치게
경쟁한다.

− 자기도취와 교만 및 허영심이 있어서 자기 자랑과 과장이 심하
다.

− 매사에 지름길을 찾기 때문에 과정보다는 결과나 업적 중심이
다.

− 보상심리가 크다.

− 인간의 감정을 무시하므로 공감이 어려워 진실한 친밀감 형성
이 어렵다.

− 때로 성급하여 신중하지 못한 면이 있다.

− 자신의 이미지 유지에 급급하게 되면 다른 사람에게 진실하지
못할 수 있다.


**4유형**

(긍정적 특성)

− 심미안이 있어서 삶의 진수와 아름다움을 느낄 수가 있다.

- 심오하고 삶의 신비와 모순을 통합해 낼 수 있는 영적인 치유의 능력이 있다.
- 감수성이 가장 발달되어 있다.
- 직관력이 있고 공감능력이 탁월하다.
- 감성이 풍부하고 이를 상징적인 것으로 표현해 내는 능력이 뛰어나다.
- 약자에 대해 따뜻한 마음을 가지고 있다.
- 상상력이 풍부하고 독창적이고 창의적이다.
- 자신의 품위를 지킬 줄 안다.
- 자기 자신에게 진실하다.


(부정적 특성)
- 자기중심적이며 상처를 쉽게 받고 부정적이며 자신의 감정 세계에 갇혀서 지낸다.
- 쉽게 의기소침해지고 자의식이 지나쳐 과민하며 매우 까다롭다.
- 자아도취적인 성향이 강하고 선민의식이 있으며 다른 사람과의 친밀감 형성이 어렵다.
- 자기만의 방식을 고집하는 경향이 있으며 방종으로 흐를 수가 있다.
- 우울한 성향이 있고 종잡을 수 없는 감정의 기복이 있다.
- 시기심과 질투심이 강하다.
- 과거의 상처나 미래의 갈망에 살기 때문에 현실에 충실하지 못

하고 책임감이 약할 수가 있다.

— 상황이 안 좋아지면 쉽게 체념하고 포기한다.

## 5유형

(긍정적 특성)

— 가장 이지적이고 객관적이고 논리적이며 사리분별력이 높고 합
  리적이다.

— 모든 현상의 근원과 원리를 깊이 집중하여 탐구한다.

— 창조적이고 통찰력이 있으며 사려 깊고 예측력이 있다.

— 몇 가지 일에 깊이 연구함으로써 전문가가 된다.

— 핵심을 간파하여 정리해 내는 능력이 있으며 다른 사람의 말에
  경청할 줄 안다.

— 관조하거나 초연하게 상황을 파악할 수 있는 힘이 있다.

— 자제력이 강하다.


(부정적 특성)

— 자기중심적이며 관심이 없는 일에는 전혀 무심할 수가 있다.

— 비판적일 수가 있으며 지적으로 오만할 수 있다.

— 자신의 감정을 지나치게 통제하고 다른 사람의 마음을 공감하
  기가 어렵다.

— 혼자서 모든 일을 해결하려 하고 다른 사람과의 교류를 피한다.

— 자기표현을 잘 하지 않으므로 다른 사람들이 5번 유형의 속을

알 수가 없다.

– 모든 일에 뛰어들기 이전에 준비가 다 되어야 한다고 생각하여 쉽게 일을 시작하지 못한다.

– 냉소적이거나 허무주의적인 성향이 있어 쉽게 체념한다.

– <u>스스로 세상에서 고립되려는 성향이 있다.</u>


## 6유형

(긍정적 특성)

– 가족과 내가 속한 조직에서 헌신적이고 충실하여 조직을 위해 희생할 수 있다.

– 책임감이 매우 강하고 매사에 성실하다.

– 마음이 따뜻하고 약한 사람을 돕는 마음이 있다.

– 모든 일에 준비성이 강하고 유비무환의 자세를 가지고 있다.

– 은근과 끈기가 있고 놀라운 복원력을 지니고 있다.

– 일단 어떤 사람을 확실하게 믿게 되면 한결같이 신뢰한다.

– 이면을 보는 능력이 있어 모든 실패의 가능성에도 철저히 대비할 수 있다.

– 위험감지능력, 추리력과 예지능력이 있다.


(부정적 특성)

– 항상 안전을 최우선으로 생각하며 마음에 불안과 두려움이 많다.

– 어떤 일을 결정할 때 너무 많은 생각을 하다가 결정을 내리지

못하게 된다.

- 다가오지 않는 미래나 어떤 결정을 내릴 때 걱정이 매우 많다.
- 자기 자신에 대한 확신이 부족하며 방어적이고 스스로 패배를 자초한다.
- 다른 사람을 쉽게 믿지 못하며 다른 사람이 나를 배신하거나 이용할까 봐 두려워한다.
- 어떤 위험이 있을지 면밀히 조사하고 걱정하느라 자신을 지치게 만든다.
- 항상 정해진 규율대로 살기 때문에 모험을 하지 못한다.
- 흑백논리와 경직된 틀을 가지고 있어서 사고에 유연성이 적다.


## 7유형

(긍정적 특성)

- 모든 일에 긍정적이고 낙관적인 태도를 가지고 있다.
- 항상 밝고 열정적이며 생동감과 활력이 넘치도록 호기심이 많다.
- 유머와 재치가 넘친다.
- 어떤 일이든 흥미로운 일이면 적극적으로 나서고 모든 것을 쉽게 습득한다.
- 두뇌회전이 빠르고 창의적이어서 참신한 아이디어가 분출하며 순발력이 있다.
- 상황에 대해 개방적이고 자발적이어서 매우 유연하게 대처한다.
- 독창적이고 모험심이 강해서 자신이 하고 싶은 대로 할 수 있다.

- 사교적이고 인간관계의 폭이 넓고 다른 사람들을 기쁘게 한다.


(부정적 특성)

- 어떤 일을 시작하고 나면 쉽게 싫증이 난다.

- 인내심을 가지고 어떤 일을 끝까지 해 내기가 어렵다.

- 절제력이 부족하고 어떤 일에 대한 책임감이 부족하다.

- 너무나 많은 일을 하려고 하다가 하나도 제대로 하지 못한다.

- 현실적이지 못해서 헛된 계획이나 공상에 빠진다.

- 새로운 자극에 대한 흥미가 너무 많아 붕 떠 있고 산만하고 충동적이다.

- 삶의 어두움에 대해 직면하기 싫어하고 내적 성찰이 어려워 피상적으로 살며 자신이 진정으로 하고 싶은 일이 무엇인지 잘 알지 못한다.

- 인간관계에서 깊이 있는 친밀감과 교류가 어렵다.

- 자유롭고 싶어서 자기 멋대로 하거나 반항 혹은 고집을 부릴 수가 있다.


## 8유형

(긍정적 특성)

- 가장 강력한 카리스마를 지니고 있다.

- 자신감이 넘치고 상황에 대한 직관력이 탁월하다.

- 자신이 속한 집단의 우두머리가 되고자 하며 자신의 휘하에 있

는 사람들을 돌보아 주는 보호자이다.

- 삶을 열정적으로 살아간다.
- 담대하고 과단성이 있으며 한계에 도전하는 도전자이다.
- 약자를 보호하며 불의를 응징하려는 성향이 있다.
- 다른 사람에게 힘을 실어주는 놀라운 능력이 있다.
- 절대로 굽히는 일이 없이 소신 있게 행동하며 불가능을 가능하 게 한다.

(부정적 특성)

- 자기중심적이며 지나치게 충동적이고 성급하며 화를 잘 낸다.
- 자신의 약점이나 여린 감정을 인정하지 않는다.
- 다른 사람을 지배하려고 하며 남의 밑에서 일하기가 어렵다.
- 다른 사람의 감정을 공감하여 교류하기가 어렵다.
- 극단적이어서 타협이나 중재를 이끌어내기가 어렵다.
- 오만하고 자기 마음대로 규칙을 정하고 또 그 규칙을 깬다.
- 힘의 논리에 의해 모든 것을 파악하려고 하며 과도하게 밀어붙 인다.
- 자신을 정의의 심판자와 집행자라고 생각하여 보복을 하려고 한다.
- 다른 사람들과 인화관계를 형성하기가 쉽지 않다.
- 자아도취적인 성향이 있어 자랑과 허풍이 있다.

**9유형**

(긍정적 특성)

- 수용력과 포용력이 크며 어떠한 상황에서도 평온을 유지할 수 있다.
- 가장 순수하고 착하며 영적인 사람들이다.
- 모순과 역설을 통합하며 중재해 내는 능력이 높다.
- 모든 것을 수용하는 모습과 평안을 주는 능력 때문에 사람들이 9번 유형을 좋아한다.
- 다각도로 상황을 바라볼 수 있으며 경청할 줄 안다.
- 타인 지향적이고 다른 사람을 도와주며 한결같이 배경이 되어 준다.


(부정적 특성)

- 의식의 차원에서 현실에 적극적으로 뛰어들어 살지 않으려는 나태함이 있다.
- 상황에 대해 무감각하거나 무관심할 수 있다.
- 꾸물거리는 경향이 있고 모든 일을 끝까지 미루려고 한다.
- 타성에 젖어 살거나 숙명론적인 성향이 있어서 방관자로 살 수 있다.
- 내면의 저항이 있고 냉소적이며 수동 공격적일 수가 있다.
- 자기표현이 없어 속을 알 수가 없다.
- 우유부단하고 주관이 없으며 결단력이 부족하다.

– 다른 사람의 감정에 빠르게 공감해주지 못한다.

– 실제적인 관계보다는 공상 속에서 상대를 이상화한 관계 속에
살 수 있다.[3]


⟨장단점 3가지로 자신의 유형을 찾은 예⟩


필자의 에니어그램코칭 강사과정에 참여한 교육생들을 대상으로
찾아본, 장단점 3가지로 유형이 뚜렷하게 드러난 사람들의 예를 보
면 다음과 같다.


**장점**: 책임감, 정확함, 헌신적.

**단점**: 분노, 원칙주의(포용력 부족), 긴장감.


자신의 장단점을 위와 같이 쓴 사람은 1유형으로 1유형의 긍정적
특성과 부정적 특성이 그대로 드러나고 있다.

1유형은 책임감이 강하고 완벽하며 매사에 정확하다. 반면 분노
가 많고 원칙을 강조하다 보니 포용력이 많이 부족하다. 또한 늘 긴
장되어 있다.


**장점**: 창조적, 진실성, 끝까지 감(관계나 일에서).

-------------------------------------------------------------------

[3] 황애란의 '에니어그램 세미나'에서 자료 제공받음.

**단점:** 충동성, 분위기나 정에 약함, 개인주의.

이 사람은 4유형으로 창조, 진실 같은 4번의 긍정적 특성이 드러나며 분위기에 약하고 개인주의자라고 얘기하고 있다.

4번은 우뇌형 개인주의자이다. 참고로 5번은 좌뇌형 개인주의자이다.

개인주의가 단점일 것까지는 없고 현재는 개인주의를 지향하는 경향이 있지만 오랜 세월 한국사회에서 단점으로 작용할 때가 많아서 단점으로 적은 것 같다.

**장점:** 배려심이 많다, 성실하다. 적극적이다.
**단점:** 관계에 너무 치중함, 성격이 급하다. 예민하다.

이 사람은 2유형이다. 2유형은 타인을 돕고 배려하는 성향이 강하다. 그리고 무엇보다 관계에 너무 치중한다고 자신을 설명하고 있다.

2유형은 관계 외에 다른 것도 있다는 걸 알아야 할 필요가 있다. 관계가 세상의 전부인 것처럼 생각하는 경향이 있기 때문이다.

**장점:** 상대방을 편하게 해준다. 어떤 상황이든 좋게 받아들인다. 상대방의 이야기를 잘 들어준다.
**단점:** 깊은 성찰을 싫어한다. 꼼꼼하지 못하다. 공감이 잘 안 된다.

이 사람은 7유형으로 지나치리만큼 낙천적인 사람들이다. 합리화를 해서 어떤 상황이든 좋게 받아들일 수 있다. 그리고 상대를 기쁘게 해주려고 한다. 반면 피상적이고 산만하며 타인에 대한 공감이 쉽지가 않다.

**장점**: 갈등 싫어함. 배려심이 많다. 상대방에 맞춰 주려함.

**단점**: 게으름, 추진력 부족, 결단력 부족.

이 사람은 9유형으로 여섯 가지 특성이 모두 9유형의 특성을 그대로 드러내고 있다.

9유형은 무엇보다 갈등을 기피한다. 갈등을 일으키지 않으려고 상대방에 맞춰주기도 한다. 그리고 상대를 배려한다. 이러한 배려심은 2유형과 닮아보이게도 한다. 그리고 나태함이 걱정이고 결정하는 데 있어서 상당히 우유부단하다.

한편 이 사람은 자신의 최대 장점인 포용력과 수용력, 다양한 관점을 가질 수 있는 것 등을 장점으로 인식하고 있지는 않은 듯하다.

**장점**: 낙천적이다. 목표지향적이다. 규칙적인 생활을 한다.

**단점**: 일 중독이다. 공감능력이 부족하다. 튀기 좋아한다.

이 사람은 3유형으로, 3유형은 목표를 설정해서 그 목표를 달성할 때 행복하다. 대단히 목표지향적인 사람들이다. 하나의 목표를 달성하면 곧 바로 다음 목표를 설정한다. 그러니 많은 것을 성취할 수가 있을 것이다. 그들은 또한 '일'을 즐긴다. 무엇보다 '일'이 재미있는 사람들이다. 결과적으로 일 중독이 되기 쉽다.

3유형에게는 어느 유형보다 워 라벨이 절실하다. 그리고 감정형이지만 감정에 거리 두기를 한다. 또한 공감능력이 부족하다.

**장점:** 충성되다. 성실하다. 진실하다.

**단점:** 뜸을 들인다. 고집(독선)이 세다. 노출을 싫어한다.


이 사람은 6유형으로 6유형은 한번 신뢰가 형성되면 조직이나 관계에 한결같이 충성스럽다.

그리고 자신의 내면에 위원회가 있어서 그 위원회와 모든 것을 상의하고 결론을 내린 것이라 자신의 것에 굽힘이 없기 때문에 고집이 세다. 또한 무언가를 시작하기 전에 뜸을 많이 들인다.

어느 신혼의 한 아내는 남편이 매사에 뜸을 들여서 무척 곤혹스럽다고 토로하였다. 본인은 9유형이라 바로 행동으로 내닫는데 6유형인 남편은 항상 '잠깐만' 하고 타임아웃을 건다는 것이다.

예를 들어 마트에라도 가자라고 한다면 남편은 "잠깐 물 한잔 마시고." 하는 식이라는 것이다. 자신과 남편의 다름이 힘들다고 한다.

**장점:** 분석력, 통찰력이 강하다. 탐구심이 강하다. 경청을 잘한다.

**단점:** 외부상황에 무심하다. 생각이 많고 적게 움직인다. 타인을 공감하기가 어

렵다.

이 사람은 5유형으로 에니어그램의 모든 유형에서 가장 이지적인 5유형의 지적 특성이 장점으로 나타나고 있다.

5유형은 생각으로 사는 사람들이다. 행동은 활발하지 않으나 그들 내면은 생각으로 치열하게 살고 있다. 그리고 자신이 관심이 없는 사항에는 완전히 무심하다. 그래서 일상 생활하는 데 비서가 있어서 챙겨주면 좋을 거 같은 기분이 들게 만든다.

어느 노부인은 자신의 딸이 5유형인데 자신이 흥미 있는 것에 집중을 하면 주변이 어떻게 돌아가는지 관심이 없기 때문에 결혼해서 자잘한 가정사를 어떻게 할지 모르겠다고 걱정하였다.

**장점:** 정의감이 강하다. 솔선수범한다. 자신감이 많다.

**단점:** 통제욕구가 강하다. 충동적이다. 어디서나 리더가 되려고 한다.

위의 사람은 8유형으로 장단점 모두에서 강한 힘이 느껴지지 않는가!

8유형은 카리스마가 강한 유형이다. 이들은 에너지가 많고 자신감이 넘치며 정의감이 투철하여 자신이 법의 심판자이고 집행자라고 생각하는 경향이 있다. 그래서 불의를 그냥 지나치지 않는다. 그리고 타인에 대한 통제욕구가 강하고 항상 리더가 되려고 해서 남의 밑에서 일하기가 어렵다. 그러나 상대가 나보다 한 수 위이면 상대에게 승복하고 충성한다.

 앞에서 본 것처럼 장단점만으로도 유형을 찾아낼 수가 있다. 그러나 본인이 자신의 장단점을 정확하게 파악하지 못하고 있을 수가 있다. 또 날개나 성숙, 스트레스점의 특성이 통합되어 장단점으로 나타나기도 한다. 이런 이유로 백 프로 정확하게 찾기에는 한계가 있다. 그럼에도 불구하고 많은 경우 각 유형의 모습이 드러나고 있어서 간단하게 유형 찾는 데 참고할 만하다.

# 제 2 부

# 자아실현(나다움)을 위해 어느 방향으로 나아가야 할까

1부에서 격정으로 유형을 정확하게 찾았다. 이제 2부에서는 에니어그램에 대한 이해를 돕고 그리고 각 유형의 특성을 자세하게 알아보겠다. 그런 다음 내가 어느 방향으로 가야 하는지, 내가 나아가야 할 방향, 즉 자아실현(나다움)의 방향성을 제시하도록 할 것이다.

# 3장

## 에니어그램에 대한 소개 및 세 가지 에너지

# 에니어그램에 대한 소개

에니어그램의 "에니어"는 9란 뜻이고 "그램"은 도형이란 뜻이다. 그러므로 9가지 성격유형을 나타내는 도형이란 뜻으로 보면 될 것이다.

에니어그램 여정을 보통 '나를 찾아 떠나는 여행'이라고 표현하기도 한다. 여기서 '나'는 내가 타고난 성격바탕(혹은 씨앗)을 말한다.

우리는 삶을 살다 보면 환경에 적응하기 위해 타고난 성격에 여러 가지 성격을 계발하여 섞게 된다. 환경에 의해서 계발된 여러 가지 성격이 혼합되기 전의, 내 성격의 바탕이 어떤 건지 찾아가는 과정이 나를 찾아가는 여행이 될 것이다.

예를 들면 에니어그램 7번은 상징색이 녹색이다.

성격이 계발된다 함은 녹색 위에 여러 가지 색(성격)들이 덧칠되어 본래 바탕색이 어떤 색인지 모르는 것과 같다.

본래의 바탕색을 아는 것은 자신이 어떤 씨앗으로 태어나서 어떤 꽃을 피워야 하는지 아는 것과 같다.

필자의 에니어그램 교육에 참석하여 자신의 유형을 제대로 찾은 한 교육생은, 자신의 본바탕을 만난 후련함을 '40년 묵은 똥을 눈 기분'이라고 표현했다.

에니어그램은 고대 아시아에서 발현된 것으로 역사는 2500년으로 추정된다.

처음에는 한 사람의 계승자에게 비전으로 전해왔다고 한다. 이것이 고대 에니어그램이다. 이렇게 고대부터 전해 내려온 에니어그램을 1930년대 유럽에서 구르지예프가 처음 연구하기 시작하였다. 그리고 현재 상담이나 코칭, 기업현장 등 여러 곳에서 사용되고 있는 현대 에니어그램은 1950년대에 오스카 이차조가 라틴 아메리카에서 연구하였고, 1970년대에 나란조가 미국으로 가져가면서 발전하기 시작하였다.

그래서 에니어그램은 고대 에니어그램, 구르지예프 에니어그램, 현대 에니어그램 세 종류가 있고 모두 조금씩 다르다.

일반적으로 현재 광범위하게 사용되고 있는 에니어그램은 오스카 이차조의 현대 에니어그램이다.

에니어그램의 목적은 자신을 잘 알아 자신을 있는 그대로 인정하고 또 타인도 이해하게 되면서 자신과 타인을 수용하여 조화로운 인간관계를 맺어나갈 수 있도록 하는데 있다. 물론 인간관계가 단순하게 그 사람이 어떤 사람인가를 아는 것만으로 잘 이루어진다고 볼 수는 없지만 크게 도움이 되는 것만은 사실이다.

에니어그램 유형은 만 6세가 되면 어느 정도 드러나서 20세경이면 뚜렷하게 모습을 나타낸다. 그래서 에니어그램 유형을 찾는 검사지를 할 때 단서가 20세 때 당신이 어떠하였는가를 물어본다.

20세 이후부터는 인생에서 소위 말하는 산전, 수전, 공중전, 우주전을 치르면서 생존을 위해 잠재되어 있던 성격을 계발하기 때문에 본바탕이 되는, 자신이 타고난 유형을 찾기가 어렵기 때문이다.

아이가 태어나면 그 아이가 어떤 성격을 가지고 있는지 전혀 모른다. 성장하면서 조금씩 성격이 드러나기 시작하는데 이때 아이가 에니어그램에서 어떤 유형인지 알게 되면 그 유형이 가지고 있는 장점은 키워주고 단점은 보완하면서 그 모양, 그 색깔대로 자랄 수 있도록 돌볼 수 있다. 즉 어떤 씨앗인지 알아서 그 꽃을 피울 수 있도록 도울 수 있는 것이다.

백합으로 태어난 아이를 장미로 키울 수 없고 또 그래서도 안 된다. 아이를 망치고 아이를 불행하게 하는 지름길이 자신이 타고난 씨앗대로 꽃을 피우지 못하게 하고 다른 꽃을 기대하고 강요하는 것이다.

필자는 경계선 성격장애로 고통을 겪고 있는 분을 10년 이상 상담하고 있다.

이분은 어린 시절 있는 그대로 자신의 존재를 인정받지 못하고 다른 존재로 자라기를 강요당함으로써 성격에 장애가 일어났다. 즉 자신의 씨앗대로 꽃을 피워야 하는데 자신 안에 있지도 않는 다른 종류의 꽃을 피워내라고(타고난 꽃은 마음에 들지 않는다고……) 엄마가 강요하니 어떻게 되겠는가? 망가지고 성격에 장애가 일어날 수밖에 없었다. 그래서 늘 자살의 충동을 겪는 등 평생 내면의 고통을 겪고 있다.

극단적인 경우이긴 하지만 정도의 차이는 있지만 우리 모두 이렇게 자신의 타고난 존재를 부인당하고 다른 모습으로 자라기를 은근히 강요당하지 않았는가! 그렇게 되면 자신을 사랑하기가 너무나 어려워진다. 자신을 사랑하지 못하는 사람들이 많은 이유 중 하나이다.

그러나 에니어그램을 알게 되면 다름이지, 틀림이 아닌 것을 알게 되고 그렇게 되면 자신을 미워하는 대신 안아줄 수 있다.

거듭 말하지만 우리 모두는 자신의 꽃을 피우면 된다. 즉 나답게 살면 된다. 타고난 꽃이 내 마음에 혹은 타인의 마음에 들지 않는다고 다른 꽃을 피우려고 애써봐야 남는 것은 고통과 부작용뿐이다.

진작 내가 어떤 씨앗인지 알고 내 꽃을, 최선을 다해 피울 수 있다면 행복할 것이다. 나 자신으로 나답게 사는 행복보다 더 큰 행복이 없기 때문이다. 그런 의미에서 에니어그램은 참으로 고마운 인류의 지혜이다. 나를 정확하게 알려주어 나를 수용할 수 있게 하기 때문이다.

그런 에니어그램은 나의 인성 지도이다. 또한 나를 알게 해주는 데서 그치지 않고 내가 어느 방향으로 가야 나를 잘 실현할 수 있는지, 곧 나다운지까지 가르쳐 주는 맞춤형 영성수련 도구이다.

한편 에니어그램을 통해 궁극적으로 지향하는 바는, 나를 이해하고 잘 수용하여 나답게 사는 데서 한 걸음 더 나아가 나의 성격을 초월하는 것이다.

나의 계발된 성격은 에고이다. 본질인 에센스는 아니다. 그러나 우리는 세상을 살면서 에고를 발달시키지 않고는 살 수 없기 때문에 성격(에고)은 계발되어야 한다. 그런 뒤 궁극적으로는 이 성격(에고)을 벗어나 본질인 에센스로 가야 한다.

'성격(에고)을 벗어나는 것'은 에니어그램의 궁극적인 목적이다. 이를 위해서는 일단 자기가 어떤 유형으로 태어났는가를 아는 것이 우선이다.

에니어그램 각 유형은 그 유형만이 가지는 성격(에고)구조가 있기 때문에 자신의 유형을 앎으로써, 자기 성격의 구조를 파악하게 되고 그 구조를 파악함으로써 벗어날 방법도 알 수 있다. 그러나 이러한 궁극적인 목적 이전의 에니어그램 목적은 나를 잘 수용하고 나답게 사는 데 있다.

# 세 가지 에너지

무엇이 사람을 움직이는가? 바로 에너지가 사람을 움직인다. 자동차가 기름을 필요로 하듯 사람은 에너지가 필요하다. 동양학에서는 '기'라고 하는 이 에너지가 사람마다 다르다.

우리가 어떤 사람에게는 동질감을 느끼고 편안한 반면에 어떤 사람에게는 다소 불편감을 느끼는 이유는 이 에너지 때문이다.

필자는 한 달에 한 번 코치와 상담사, 일반인을 대상으로 에니어그램 강의를 개설하고 있다. 그런데 교육시간에 조금 늦게 오는 사람들이 꼭 있게 마련이다. 이분들이 비어 있는 자리를 찾아 앉을 때 나중에 알고 보면 같은 에너지 사람 옆으로 가서 앉는다는 것이다. 재미있지 않은가!

사람이 가지고 있는 에너지를 에니어그램에서는 세 가지로 보고 있다. 두뇌 에너지, 심장 에너지, 장 에너지이다. 그리고 모든 사람은 그 사람에게 지배적인 에너지가 있다. 즉 사고중심의 머리(두뇌)

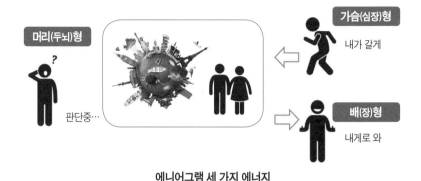

에니어그램 세 가지 에너지

에너지를 많이 쓰는 사람이 있고 감정중심의 가슴(심장) 에너지를 사용하는 사람이 있다. 그리고 마지막으로 행동/본능 중심의 배(장) 에너지를 사용하는 사람이다.

머리형에는 5, 6, 7유형이 해당되고 가슴(심장)형에는 2, 3, 4유형이 해당된다. 그리고 배(장)형에는 8, 9, 1유형이 속한다. 물론 우리 모두는 상황에 따라 이 세 가지 에너지를 모두 사용하고 있다. 또 사용해야 한다. 그러나 상황과는 무관하게 지속적으로 편안하게 사용하는 에너지가 있다. 편안하게 사용하는 에너지가 나의 에너지 유형이다.

이 세 에너지를 쉽게 설명해보면, 위의 그림에서처럼 '세상과 사람'이 있고 또 내가 있다고 하자.

'세상과 사람'을 향하여 다가가는 유형이 가슴(심장)형이다. 이들은 '세상과 사람'을 향하여 "거기 있어, 내가 갈게."라고 하는 사람들이다. 이에 반해 '세상과 사람'으로 하여금 "내가 여기 있으니 다가오라."고 하는 유형은 배(장)형이다.

이들은 배짱이 두둑한 사람들로 자신의 포지션을 딱 정하고 세상과 사람이 다가오기를 바란다.

한편 다가가지도 않고 다가오라고 하지도 않으며 전체적인 상황을 객관적으로 판단해서 정하는 사람들이 있다. 즉 '세상과 사람'에게 스스로 다가갈 것인지 혹은 다가오라고 할 것인지 판단해서 행동하는 유형인 머리(두뇌)형이다.

또 이렇게 설명해 볼 수 있다.

가슴형은 세상을 '관계의 장'으로 보고 장형은 세상을 '대결의 장'으로 보며, 머리형은 '세상을 불안한 곳'으로 보는 사람들이라는 것이다.

가슴형들에게는 관계가 무척 중요하다. 사회생활을 잘하려면 관계를 잘해야 한다는 식의 약간의 합리적 계산이 들어간 관계개념이 아니다. 이들에게 있어서 관계는 호흡과 같이 자연스럽다. 이들에게 친밀한 관계가 없는 삶이란 생각하기 힘들다.

한편 세상을 대결의 장으로 보는 장형들은 힘겨루기를 한다. 매사에 힘겨루기를 한다면 장형이다.

머리형들은 세상을 불안한 곳으로 본다. 머리로 생각하면 세상이 불안하게 느껴질 것이다.

앞에서 말한 두 가지 관점에서 에너지의 차이점을 보는 것이 핵심적이면서 쉽게 세 유형의 에너지를 식별할 수 있는 방법이다. 그리고 나의 에너지를 먼저 찾는 것이 에니어그램 유형 찾기를 쉽게 한다.

세 에너지에 세 유형이 각각 있기 때문에 나의 에너지를 찾으면 에니어그램 아홉 가지 유형에서 세 유형 중 하나로 압축될 수 있기 때문이다. 그 세 유형 중에서 격정을 찾아, 내게 해당되는 하나의 유형을 찾으면 된다.

앞에서 거론했듯이 에너지가 같은 사람들은 서로에게 좀 더 편안함을 느낀다. 각 에너지를 사용하는 사람의 자세한 특성은 다음과 같다.

### 1) 장형(8, 9, 1)

직감이 잘 발달되어 있다. 직감으로 상황을 파악한 다음에 결단하고 행동으로 옮기는 뱃심 좋고 활력 넘치는 유형이다.

필자가 에니어그램 교육 중 교육생들에게 어떤 것을 제시하면서 실행해 보도록 요청하였다. 그랬더니 머리형인 한 분이 "아, 그건 그다지 좋지 않아요. 머릿속으로 가서 정리하고 행동하려면 너무 복잡합니다."라고 얘기했다. 그러자 이 말을 들은 장형인 분이 "무슨 소리요. 우리 같은 장형들은 옳다 싶으면 바로 행동으로 나가요."라고 답했다. 머리로 가서 복잡하게 따지지 않는다는 것이다.

그렇다. 장형들은 직관이 뛰어나고 직관적으로 옳다 싶으면 바로 행동으로 옮기는 뱃심 좋은 사람들이다. 그러다 보니 성급할 수 있다.

이들은 세상의 영향을 받지 않고 세상에 영향을 미치기를 원한다. 내면에 분노가 있는데 이 분노의 긍정적인 의미는 완전하고 독립적이기를 원하는 이들이, 자신만의 공간을 가질 수 있도록 타인에게 자신으로부터 물러서달라고 말하는 하나의 방법이라는 데 있다.

8유형은 분노가 일어나는 대로 행동하고, 9유형은 분노를 부인하며, 1유형은 억압한다. 이들에게 가장 중요한 것은 '자신의 존재'이다. 어떠한 경우에도 자신의 입장을 피력하며 일정한 위치에서 타인을 통제하려 한다.

### 2) 심장형(2, 3, 4)

이 유형은 관계가 중요한 사람들로 사람과의 관계를 우선적으로 한다. 그리고 관계를 만들어 가는 과정에서 이미지를 통해 자신을 표현한다.

이들은 자신뿐만 아니라 다른 사람에게 이 이미지를 드러내며 사랑과 관심을 얻으려고 한다. 그리고 타인이 자신에게 호의를 가지고 있는지에도 관심이 많다. 또한 타인이 무엇을 필요로 하는지 알려고 하고 타인을 기쁘게 해주고 도와준다.

이것은 한편으로는 타인을 통제하려는 행위이며 이러한 통제의 목적은 상대방으로부터 호의적인 반응을 얻는 데 있다.

한편 이들은 내면에 수치심이 많다. 수치심은 죄책감과 비교될 수 있다. 수치심은 "I am wrong." 즉 내 존재 자체가 잘못 되었다는 감정이다.

반면에 죄책감은 "I do wrong."으로 뭔가 잘못된 일을 했을 때 올라오는 감정이다. 살다 보면 잘못된 일을 할 수도 있고 반성하고 바로 잡기도 한다. 그러나 수치심은 내 존재 자체가 잘못 되었다고 느끼기 때문에 참 다루기 어려운 감정이다. 이러한 수치심은 4유형이 다른 가슴형에 비해서 더 많다.

필자의 에니어그램 강의에 4유형의 30대 초반의 상담사가 참석한 적이 있었다. 그녀에게 다른 참석자가 4유형이 느끼는 수치심이 어떤 거냐고 물었다. 그러자 자신의 내면에 있는 수치심을 표현하는데 지금 기억할 수 없지만 그것을 들을 때 저자가 느끼는 수치심과 너무나 유사해서 수치스러웠다. 다른 유형이 보면 객관적으로 수치스러울 일도 아닌데 그렇게 느끼는 것이다.

다른 유형이 심장형의 수치심을 이해하려면 소위 이불 킥을 할 때의 감정을 떠올려보면 어느 정도 이해가 될지도 모르겠다.

아침에 일어나서 전날 한 행동이 별로 잘못된 것은 없는데 괜한 짓을 했다는 기분이 들고 뭔가 쥐구멍을 찾고 싶은 심정? 그런 것을 느낄 때 이불 킥하고 싶은 심정이라고 하지 않는가! 이러한 수치심을 상시적으로 심장형, 특히 4유형들은 느낀다. 어떤 객관적으로 수치스러운 일을 겪어서 그에 대한 감정으로 올라온다기보다 문득 수치심이 까닭 없이 스멀스멀 올라오는 식이다.

### 3) 머리형(5, 6, 7)

사고중심으로, 생각하는 것을 중시한다.

머리형들은 어떤 사건이 발생하면 자동적으로 머릿속에서 그에 대한 해결책을 비롯한 많은 것들이 일목요연하게 그려진다.

머리형인 7유형의 지인은 자동차 접촉사고라도 나면 일단 자동차

문을 열고 나가는 그 짧은 시간 안에 머릿속에서 모든 상황을 순식간에 파악 정리한다고 한다. 그리고 어떻게 행동할지 결정한 후에 행동하게 된다고 한다. 장형이나 심장형이 구체적인 생각 없이 우왕좌왕하는 것과 비교된다고 할 수 있겠다.

같은 경우, 심장형으로 2유형인 지인은 잘잘못을 따지기 위해서 차문을 열고 나가면서 내가 립스틱을 바르지 않았다는 생각을, 즉 자기 이미지에 대해서 신경을 쓰는 자신을 본다고 했다. 이미지를 통해 자신을 표현하는 심장형의 특성이 나타나는 것이다. 같은 상황인데도 에너지 유형에 따라 이렇게 다르다.

필자가 결혼하기 전 교제할 때 머리형인 남편은 매사에 머리를 사용하였다. 항상 머리로 먼저 가볍게라도 타진해보고 행동에 옮기는 식이었다. 별다른 생각 없이 행동하는데 익숙한, 심장형인 나는 그것이 참 신선하고 인상적이었다. 아! 이 사람은 머리를 사용하는구나…….

나는 머리를 그저 장식쯤으로 알고 사용할 생각을 못 했는데…… 하는 생각을 했다. 그리고 의도적으로 머리를 사용하면, 신중하게 생각하지 않고 성급하게 결정하거나 하는 나의 행동을 줄일 수 있겠다는 생각을 했다.

머리형들의 주된 감정은 불안이다. 미래에 어떤 일들이 일어날지, 어떻게 생존할지, 어떻게 하면 나쁜 일이 일어나지 않을 수 있을지, 어떻게 하면 자신의 삶에 대처해 나갈 수 있을지 등등에 대해서 이들은 생각한다. 그러다 보니 불안해질 수 있겠다 싶은 생각이 든다.

이들의 주요 관심사는 부분과 전체와의 관련성이며 정보나 지식을 바탕으로 사고한다.

이들은 장형처럼 대담하게 파고들어 자신의 위치를 다지려고 하지 않는다. 또한 가슴형처럼 타인에게 초점을 맞추려고 하지도 않는다. 이들은 전체를 둘러보고 자신과 타인과의 위치를 파악하여 어떤 상황이 일어나고 있는지를 이해하려고 한다.

4장

# 각 유형에 대한 설명

이 장에서는 에너지와 격정을 통해 찾은 내 유형에 대해서 자세하게 살펴봄으로써 내가 어떤 사람인지, 나의 바탕색이 어떠한지 이해하도록 할 것이다. 앞에서 각 유형의 장단점을 알아봄으로써 어느 정도의 이해가 있으니 보다 더 심화하기 바란다.

# 개혁가형(1유형)

　1유형의 인상은 대체로 깔끔하고 날카롭다. 그리고 엄격하고 진지하며 야무져 보인다. 사감 선생 같은 긴장감을 주는 표정을 하고 있지만 내면에는 순박하고 소탈한 모습이 숨겨져 있다.

　이들의 핵심적 성격특성은 완벽주의, 옳은 방식 주장, 분노, 비판 및 자기 개선을 들 수 있다. 이러한 네 가지 특성은 1번의 성격기둥이라고 할 수 있다. '옳은 일을 완벽하게 해야만 해!' 이것이 그들이 가지고 있는 집착 중 하나이다. 옳은 일을 해야 하는데 그것도 완벽하게 해야 한다. 또한 '해야만' 한다.

　이상적인 세상을 만들고 싶으며 이를 위해 개혁가로서 불철주야 노력하는 노력가인 이들은 완벽한 도덕주의자이며 정직하고 솔직한 사람들이다.

　이들은 어려서부터 애어른 혹은 모범생이라는 별명을 갖고 있으며 가족영웅인 경우도 있다.

　또한 원리원칙이나 규칙에 충실하고 예의가 바르며 약속을 잘 지킨다. 그리고 책임감이 강하고 헌신적이며 임무를 맡으면 정확하고 철저하게 해내는 특성은 1유형의 큰 장점이자 눈에 띄는 특성이다. 이러한 성격적 특성은 1유형으로 하여금 다른 사람의 도움을 청하지 않고 자기 힘으로 실수 없이 완벽하게 일을 처리하려고 끝까지 노력하게 만든다.

반면 경직된 틀을 가지고 있어서 옳고 그름을 구분하게 되고, 옳은 것을 결정한 후에는 그것만이 옳다고 확신하고 다른 사람들도 다 그것을 따라야 한다는 생각을 가지고 있다.

1유형은 뭔가를 결정하기 전에 많이 생각하고 고민한다. 그런 다음 내린 결정이라 자신이 옳다고 생각하고 다른 사람들이 이것을 따르기를 종용하게 되는 것이다. 이러한 성향에 흑백논리를 가지고 있고 획일적인 사고를 하는 면이 있어 객관성이 부족하고 고지식하며 독선적일 수 있다.

이들은 시간표를 짜서 그 정해진 순서대로 하는 것을 매우 중요시한다. 만약 순서가 바뀌게 되는 경우에는 매우 혼란스러워 한다. 사람에 따라서는 시간표대로 움직이는 것을 힘들어하는 사람도 많다. 아니, 그런 사람이 더 많을 것이다.

어느 중년부부가 둘이서 여행을 갔는데 1유형인 아내가 시간을 정해서 아침에는 어디 가고 점심은 어디서 먹고 그 다음에는 이것을 하고 저녁에는 저것을 하고 하는 식으로 일정을 강요하니 7유형의 남편이 "우리 엠티 온 거야?" 하고 반문했다고 한다.

시간뿐 아니라 이들은 매사에 꼼꼼하고 철저하다. 다른 사람에게 일을 잘 시키지도 못한다. 힘들어도 스스로 하는 성향이 있다.

한편 이들은 일 중심적인 사람이다. 일 중독이 될 수 있다. 이들은 할 일이 많아 놀 수가 없으며 놀 수 있는 상황이 되어도 이완하고 느긋하게 놀지 못한다. 고생 끝에 낙이 온다고 생각하고 있어 가장 피곤하게 자신을 몰아붙이는 사람들이다. 그러다 보니 다른 사람들은 자신만큼 매사에 열심히 노력하지 않는다는 생각이 든다. 취미도 생산적인 취미를 선택한다. 또한 이들은 해야만 한다는 당위성에 따라 삶을 성실하게 만들어 가는 사람들이라 다른 사람에게도 높은 기대를 거는 성향이 있다.

다른 사람의 실수를 모두 기억하고 있고 쉽게 용서해 주지 못하는 이들은 자신의 실수도 용납하기 어렵고 자신을 정죄하는 성향이 매우 강하다. 내면세계에 높은 기준을 설정해 놓고 있는 내부 심판자와 독려자가 있다.

이 독려자는 끊임없이 잘못하고 있다고 비판하며 계속 개선해 나가라는 명령을 한다. 1유형의 내면에는 일종의 법정과 같은 것이 열린다. 검사와 변호사가 있어서 끝없는 논박을 하는 것이다. 평생을 이런 자신과 씨름한 50대 후반의 1유형의 한 신사가 자신에 대한 설명을 들은 후 눈에 눈물을 글썽이며 왜 그렇게 살았는지 하면서 자신을 안쓰러워하는 모습이 필자의 기억에 오래 남는다.

부족한 부분에 항상 초점이 집중되기 때문에 다른 사람을 쉽게 칭찬할 수가 없다. 이런 얘기가 있다.

엄마의 칭찬에 목말라하는 초등학생이 시험을 봐서 90점을 받았다. 이 정도면 엄마가 칭찬해줄 것이라고 생각한 아이는 신나게 엄마를 부르며 집으로 뛰어가서 시험지를 내밀었다. 근데 웬걸! 부족한 부분에 항상 초점을 맞추는 1유형인 엄마는 100점에서 10점 모자라는 것을 지적하며 고쳐주려고 한다.

다른 사람이 잘못한 경우 이를 꼬치꼬치 캐려고 하고 지적해 주며 고쳐주려고 하는 1유형 엄마의 기질이 유감없이 발동했기 때문이다. 실망한 아이는 다시 시험을 볼 때 정말 혼신의 힘을 다해 100점을 받았다. 이제야말로…….

회심의 미소를 띠고 자신 있고 당당하게 시험지를 엄마에게 내밀었다. 엄마가 칭찬했겠는가? 슬프게도 엄마는 이렇게 말한다.

"너네반 아이들 거의 모두 100점 받았지 않았니? 시험문제가 쉬운데 뭘…….."

이렇듯 자녀에게 높은 수준과 많은 것을 요구하게 되니 자녀는 자신이 부모를 만족시킬 수 있는 방법은 없다고 생각하여 노력하는 것을 포기할 수 있다.

약간의 과장이 들어갔다고 보는가? 그럴 수 있다. 하지만 1유형은 완벽주의자들이다. 완전한 것을 그려두고 거기서 모자라거나 부족한 부분에 초점을 맞추기 때문에 칭찬을 하기가 매우 어렵고 만족하기가 힘들다.

평생 해외에서 선교활동을 하는 선교사 부부가 있다. 객관적으로 볼 때 아주 활발하고 크게 선교활동을 하고 있어 훌륭한 선교사이다. 그런데 부인은 한 번도 남편을 칭찬한 적이 없다고 했다. 30여 년 성공적인 선교활동을 했으니 얼마나 칭찬할 일들이 많았겠는지 능히 짐작할 수 있다. 왜 칭찬하지 않았느냐고 묻자 '부족한 부분이 늘 눈에 들어와서…….'라고 대답했다.

1유형들은 다른 사람이 칭찬을 해주는 경우에도 잘 믿지 않는다.

이렇듯 1유형은 불완전한 이 세상이나 세상 사람들뿐 아니라 불완전한 자기 자신도 못마땅하고 마음에 들지 않아 삶과 자기 자신에 대해 만족하기가 매우 어렵다. 다른 사람들의 잘못을 지적해주면서 자신이 성인이라는 생각을 하기도 한다. 그리고 규칙을 지키지 않는 사람이나 놀고 있는 사람들에 대한 비난을 자주 하고 다른 사람들을 개선하고 싶은 마음이 많다.

그러다 보니 끊임없이 가르치려 한다. 많은 교사들이 1유형인 것은 결코 우연이 아니다.

모 초등학교에서 교장선생님과 교사들에게 에니어그램 교육을 몇 회기에 걸쳐서 한 적이 있는데 교장선생님을 비롯하여 거의 모든 선생님들이 1유형이었다.

1유형은 다른 사람을 있는 그대로 수용하기가 참으로 힘들다. 뿐만 아니라 감정적인 영역의 감수성이 발달되어 있지 않을 수 있어 타인의 감정도 인식하여 수용해주기가 어렵다. 이들은 정리 정돈을 잘하는 등 모든 것에 깔끔하고 청결을 포함한 강박증이 있을 수 있다. 이러한 성향은 욕망이나 감정을 억제할 수 있고 이러한 억제가 지나쳤을 경우에는 이중적인 삶의 모습을 나타낼 수 있다.

그러나 자신이 잘못했을 때 곧 사과할 줄 알며 어떤 일을 할 때 준비를 철저히 한다. 그럼에도 한꺼번에 많은 일을 하고 싶어 하고 제대로 조직하지 못해 부산하기만 하고 효율성이 떨어지기도 한다.

부정적으로 세상을 보는 측면이 있으며 부정적인 에너지가 흘러나오는 이들 1유형들은 다른 사람을 내 마음대로 통제하려는 통제욕구가 강하다. 다른 사람을 변화시키려 들지만 자기 자신은 쉽게 변화하려 하지 않는다. 반면 소심한 부분이 있어 비판이나 비난에 민감하고 다른 사람이 자기 물건에 손대는 것을 싫어한다.

오래전 대학을 다닐 때였다.

무슨 일 때문인지 기억은 나지 않지만 학과장실에 여러 명의 학생들이 들어가서 교수님을 기다리고 있었다. 날이 더웠든가 우리들은 창문을 활짝 열어젖히고 있었다. 그런데 시간이 좀 지나 들어온 여자교수님은 화를 냈다. 자신이 해놓은 대로 창문이 되어 있지 않고 우리 마음대로 열었다는 것이다. 즉 자신의 물건에 손을 대었다는 것이다. 그분이 1유형인지는 모르겠지만 1유형도 이렇게 자신의 물건을 누가 만지거나 자신의 공간을 침범(?)당하는 것을 못 견뎌한다.

그리고 진지한 사람으로 농담을 하지 못하고 잘 웃지도 않는다. 화를 내는 것이 완전한 사람의 모습이 아니기 때문에 화를 내지 않으려고 노력하지만 스멀스멀 화가 스며 나온다. 그러나 이를 정당화하려 하면서 자신이 화를 내고 있다는 것을 끊임없이 부인하려 한다. 그럼에도 가족이나 가까운 사람에게 사소한 일로 가장 먼저 화를 내게 된다.

1유형들은 피상적이고 천박하고 성실하지 않은 사람들을 경멸하는 경향이 있다. 이런 경향으로 인해 다른 유형들이 1유형에게서 도덕 선생님 같은 느낌을 받을 것이다.

대화는 직선적으로 표현하는 편이다. 따라서 상징적인 언어나 우회적인 표현은 하지 못한다. 그리고 다른 사람이 이렇게 이야기할 때도 잘 알아듣지 못한다. 이들은 원칙주의자이기 때문에 획일적인 이념을 상대방에게 강요할 수 있다.

상대방에게 충분히 잘해주지 못했다고 죄의식을 느낄 수 있으며 "나는 잘 안 돼."라는 자기비판의 말을 잘한다.

한편 사심이나 야심이 없다. 공동체 속에서 1유형은 사심이나 야심 없이 봉사할 수 있는 사람들이다. 어떤 일을 하겠다고 결정하면 집요하게 해내고 단순하면서도 명확한 것을 매우 선호한다.

1유형에게 있어서 실수는 회피의 대상이다. 실수를 하지 않으려 하고 실수를 하게 되면 이 실수로 모든 것을 망치게 될 것이라고 생각한다. 따라서 실수가 두려워 어떤 일을 시작하지 못하고 우유부단해지는 경우도 있다. 이는 부족한 자기 모습을 다른 사람에게 보여주고 싶어 하지 않는 방어기제이기도 하다. 이러한 성향으로 자기자신과 타인에게 너그럽지 못한 모습을 보이게 된다. 이들은 조건 없는 사랑을 원하지만 정작 이것이 다가올 때는 믿지 못한다.

질투심이 강하고 주위 사람들에게 긴장감을 주며 아무런 말을 하고 있지 않아도 무언의 심판을 받는 기분을 느끼게 만드는 1유형이다. 하지만 이들은 수수하고 검소하며 모든 면에서 근검절약하고 다른 사람을 돕는 일에는 물질을 아끼지 않는다.

1유형들은 내면의 분노를 인정하고 처리할 방법을 찾아야 한다. 또한 자신의 감정을 숨기지 않도록 한다.

1유형들은 높은 기준을 가지고 있고 도덕관이 투철하며 관계에 대해서 아주 성실하다. 이러한 면을 높이 평가해주면 이들과 친해지기 쉽다. 또한 카드나 선물, 포옹 등으로 감사를 표현하는 것도 좋다. 한편 이들에게는 항상 예의를 지킴으로써 좋은 관계를 만들어갈 수 있음을 기억하자. 그리고 1유형이 하는 비판보다는 칭찬이 당신에게 도움이 된다는 것을 알려주는 것도 바람직하다.

이들을 돕기 위해서는 취미생활을 할 수 있도록 배려할 필요가 있다. 일 중독이 될 정도로 일에 매달려 사는 이들에게 취미생활은 산소통이 될 것이다. 그리고 완벽을 추구하면서 필요 이상의 에너지를 소모하지 않도록 하게 하자. 완벽주의는 자기학대와 다름 아니기 때문이다.

1유형의 상징색깔은 신의 속성을 되비춰준다고 해서 은색, 상징국가는 러시아, 상징동물은 열심히 일하는 모습의 꿀벌에, 잔소리하는 모습은 박박 짖어대는 테리어 개에 비유하고 있다.

1유형의 인물은 박정희, 간디 등이 있다.

# 배려자형(2유형)

2유형은 환하게 웃는 얼굴로 외모를 가꾸며 상냥하고 명랑하며 애교 있는 모습을 하고 있다.

이들은 한 사람 한 사람의 개인에 대한 관심이 많다. 그리고 다른 사람들의 삶에 활기를 불어 넣어주고 지지해 주며 의욕을 고취시킨다.

2유형은 단 한 사람을 돕기 위해서 종일 걸러서 가는 먼 길도 마다하지 않고 갈 수 있는 사람들이다. 이웃의 필요를 충족시켜 주는 것이 삶의 기쁨이기 때문에 따뜻하고 관대하고 세심하게 이웃을 배려하고 도우며, 함께 나누는 삶을 실천한다.

또한 사람들을 있는 그대로 받아들이고 큰 사랑으로 이해하며 무한한 인내심을 갖고 격려할 줄 안다. 무엇이든 아낌없이 주려고 하는 이들은 돕는 일을 할 때 최상의 능력을 발휘한다.

2유형의 한 지인은 자신의 단점을 말해보라고 하자 자기를 위한 일을 할 때 에너지가 나오지 않는 것이라고 했다. 다른 사람을 도울 때는 에너지가 넘치는데 말이다. 이렇듯 이들은 타인을 돕는 일을 할 때 최상의 능력을 발휘한다.

인간관계에 만족을 느끼면 일에서의 보상이 없어도 정성을 다해 일하는 이들은 밝고 어린아이처럼 삶에 대한 열정이 있다. 이들은 감정표현을 잘하며 애정관계에 들어가면 상대방에게서도 애정표현을 받기 원하며 애정을 확인하려는 성향이 있고 감정적으로 의존한다.

2유형의 어린 딸을 둔 한 어머니는 동생을 봐서 그런지 너무나 자주 애정을 확인하려는 딸이 성가시게(!) 느껴질 때도 있단다.


2유형에게는 정서적인 충족감이 중요하다. 그들은 일 대 일의 친밀감을 구한다. 많은 사람들과 일 대 일로 좋은 관계를 유지하는 데 에너지를 많이 쓰며, 다른 사람에게 특별한 존재가 되고 싶어 한다. 그리고 다른 사람을 칭찬하기 잘하며 그 사람이 특별한 존재인 것을 확인시켜주는 이들은 다른 사람의 감정을 잘 헤아려주고 공감하며 또 배려해 준다.

어느 유형보다 관계 지향적이고 관계가 중요한 2유형들은 사람을 좋아한다.

필자의 며느리는 2유형으로 집안행사나 모임이 있을 때 며느리에게 별로 마음을 쓰지 않아도 된다. 관계 지향적이고 사람을 좋아하는 며느리가 전혀 가족모임에 스트레스를 받지 않기 때문이다. 오히려 시댁모임을 즐기는 눈치다.

또한 2유형들은 주위 사람, 특히 약한 사람에게 관심이 많고 잘 돌보아준다. 그래서 2유형에게 어린 아기는 너무나 특별하다. 자신의 도움을 전적으로 필요로 하는 존재이기 때문이다.

2유형의 한 지인은 중고등학생 때 이웃집 갓난아기를 데려와서 자주 놀았다고 한다. 갓난아기를 힘들어하는 집안 식구들 눈치를 보면서까지 극구 데려와서 놀았다고 한다. 이들은 사람들이 의지해 주는 것을 좋아하고 거기에 응답하려고 하는 사람들이다. 때로는 해야할 일이 있어도 다른 사람을 돕느라고 하지 못할 수 있다. 또한 주위 사람들의 생일 등을 챙겨주고 선물을 잘한다. 모임 같은데 나갈 때도 빵 같은 간식류를 준비해 가서 참석자들을 기쁘게 해주는 것이 2유형의 장기이기도 하다.

반면 개인적인 관계형성이 중요한 이들은 혼자 있기 힘들고 주위의 중요한 사람들의 영향을 많이 받는다.

이들은 자기가 좋아하는 사람이 무엇을 원하는지 잘 감지하고 이를 충족시켜주려고 애쓴다.

2유형은 타인이 필요로 하는 것을 너무나 잘 알아차려서 하나의 능력으로 느껴질 때가 있다.


필자의 아주 가까운 친구가 2유형으로 고등학교 때 처음 만났는데 이러한 2유형의 기질 때문에 상당히 당황한 적이 있다.

교실에서 서로 앞뒤로 앉았는데 내가 무엇을 원하는지 내가 무엇을 생각하는지를 알고는 그것을 맞춰주려고 했기 때문이다. 이러한 관계에 익숙지 않았던 필자는 '이 친구가 나만 관찰하고 있었나…….' 하는 생각을 했다. 그래서 처음에는 어쩐지 가볍게 침범당하는 기분이 들어 불편했다.

　반면 자신의 욕구는 잘 알아차리지 못한다. 타인에게 의식이 집중되어 있기 때문이다.

　때로는 지나치게 타인의 생활에 개입하기도 한다. 그러다 보니 오지랖 백 단이라는 별칭도 있다. 사람 간의 거리 감각이 적어 무조건 다른 사람의 삶에 끼어들고 싶은 것이다. 상대가 좋아하는 태도, 말씨, 화제에 신경을 쓰고 그에 맞추려고도 한다. 주위 사람들에게 순응하는 것으로 주위 사람의 호감을 사려 하고 눈치를 보는 이들은 때로 듣기 좋은 말을 해서 상대에게 거짓확신을 줄 수도 있다.

　2유형은 과도하게 사랑에 대해 집착한다. 또한 마음이 여리고 주관적으로 생각하는 면이 커서 상처를 매우 잘 받는다. 4유형도 상처를 잘 받는데 2유형의 감정은 크리스털처럼 팍 깨어지고 4유형의 감정은 물먹은 창호지처럼 질기다고 한다.

　한편 피상적이고 깊이가 적으며 객관적으로 분석하는 힘이 약하다. 그래서 의사결정을 쉽게 하지 못하며 중요한 사람의 결정을 따르려고 한다. 가정에 좋지 않은 일이 생기면 자신의 잘못 때문이라고 생각하여 상처를 받기도 한다. 다른 사람들이 자신을 어떻게 생각하는지에 대해 관심이 많고 좀 더 다른 사람들에게 잘해 주지 못하는 것에 대해 죄책감을 느끼기도 한다. 슬픈 뉴스나 비극적인 이야기에 마음을 아파하며 눈물이 많은 이들 2유형은 달콤한 낭만을 선호하고 피부접촉을 좋아한다.

2유형은 자신이 원하는 것을 말하거나 부탁하는 것은 어려워하면서도 다른 사람이 부탁을 할 때는 거절을 잘 못 하는 경향이 있다.

이들은 '아니요.'라고 말할 필요가 있다. '아니요.'라고 말하지 못함으로써 조직에서 타인의 일까지 떠맡고는 힘들어 번 아웃될 수도 있다. 맹목적으로 헌신하는 성향이 있어 다른 사람에게 이용당하기 쉬운 것이다.

이들은 이용당한 것을 알게 되면 자기 연민에 빠져 무척 힘들어하며 심인성 질환이 생기기도 한다.

2유형이 '아니요.'라고 말하기가 어려운 것은 깊은 내면에 의식하지 못하더라도 타인에게 늘 환영받는 존재가 되고 싶기 때문에, 즉 사랑받고 싶기 때문일 것이다. 그들의 집착이 사랑이니까.

또한 사람들에게 늘 환영받는 존재가 되고 싶기 때문에, 비난받으면 의욕이 저하되어 역량이 있어도 잘 발휘하지 못한다.

2유형은 앞에 나서서 지도하는 일은 부담스러워하지만 참모역할은 선호한다. 이들은 자신에게 중요하거나 사회적으로 권위가 있는 사람 옆에서 그들에게 도움을 줌으로써 필수적인 사람이 되는 것을 선호한다. 또한 자신이 한 선행을 다 기억하고 있으며 다른 사람도 이를 기억하고 알아주기를 바란다. 그래서 자신이 한 선행을 자랑한다.

2유형 입장에서는 자랑을 하는 게 아니라 있는 사실을 얘기하는 것뿐이다.

사람들이 자신이 베푼 사랑에 대해 주목해주지 않거나 감사와 사랑의 표시를 통해 자신의 사랑이 보상되지 않을 때 몹시 섭섭해 한다. 그리고 피해의식에 사로잡히며, 잔소리를 하거나 화를 낼 수도 있다. 헌신적인 겉모습 안에는 어느 것도 포기하기 싫은 모습이 들어 있을 수 있는 것이다. 이러한 2유형을 벨벳장갑 속에 든 철손으로 비유하기도 한다.

배우자나 자녀의 경우 그 대상을 자신에게 의존시키려는 소유욕이 있으며 은근히 자기 마음대로 조종하고 통제하려 할 수 있다.

사랑한 만큼 미워할 수도 있는 2유형은 질투심이 강하고 자신이 가장 사랑스러운 사람이라는 생각을 한다. 자녀양육에서는 과보호하여 자녀의 자율성을 키워주지 못할 수가 있고 가족 중 중요한 사람에게 의외로 세심한 배려를 하지 않을 수도 있다.

자신의 헌신이 없으면 하나님도 이 땅에서 일을 하실 수 없을 것이라는 교만을 가지고 있어 자신이 메시야라는 착각을 하기도 한다.

마음이 힘들거나 어수선하면 많이 먹고 자며 초콜릿과 같이 달콤한 것을 좋아한다. 사교적이고, 수다스러운 이들은 자신 내면의 깊은 감정적인 세계를 인식하지 못하고 또 남의 말에 쉽게 이끌린다.

2유형은 혼자 있는 시간을 통해 내면의 소리를 들을 필요가 있다.

2유형들과 잘 지내는 방법을 알아보면 앞에서 얘기했듯 이들은 타인의 욕구를 잘 읽어낸다. 그리고 그 필요를 잘 채워준다. 이는 마치 탁월한 능력으로 보일 정도이다. 그럴 때 감사하고 그 감사한 마음을 반드시 표현하는 것이 좋다. 그들이 에너지가 남아돌아서 그러는 것이 아니라 그들도 애써서 하는 것이기 때문이다.

그리고 2유형들은 소그룹 모임 같은 데서 사람들에게 주목받지 못하면 마음이 심히 불편해진다. 어느 2유형은 이를 "마음이 나락으로 떨어지는 것 같다."고 표현했다. 무의식적으로 자신이 사랑받을 가치가 없다고 느끼는지도 모른다.

필자에게 상담을 받은 20대의 한 친구는 "선생님, 모두 저를 싫어해요. 제가 뚱뚱하고…… 그렇다고……." 하면서 동아리 모임에서 주목받지 못해 힘든 마음을 표현했다. 사실이 그렇다기보다는 2유형인 본인이 그렇게 느끼는 것으로 보였다. 2유형의 이런 점을 잘 알고 소통할 필요가 있다.

2유형을 돕는 방법으로는 타인의 도움을 잘 받아들이도록 격려해야 한다. 2유형들은 남은 잘 도우면서 정작 자신은 타인으로부터 도움을 받으려고 하지 않는다. 마치 자신은 도움이 필요 없다는 듯이 하는데 도움을 잘 받는 것도 영성적인 행동이다. 도움을 주기도 하지만 도움을 받기도 해야 한다. 또한 두 사람 사이에 경계선 설정에 관해서 논의하고 합의하는 것도 중요하다. 2유형이 '사랑'이라는 이름으로 타인의 경계선을 침범하기 쉽고 적절한 경계선을 지키기가 어렵기 때문이다.

상징국가는 이탈리아, 상징색깔은 선홍색, 상징동물은 애완견 강아지, 고양이를 들 수 있다.

상징인물로는 마더 테레사, 슈바이처가 있다.

# 성취가형(3유형)

　3유형은 자신만만하고 활력이 넘치며 세련되고 매력적인 모습을 하고 있다. 이들은 어려서부터 유능함을 드러내어 학교에서 반장 등의 직책을 맡는다. 또 인정에 대한 강한 욕구를 나타내고 가족영웅인 경우가 많다.

　이들은 어디서든 핵심적인 위치를 차지하려고 한다. 그리고 과업 중심적인 사람들로 임무를 맡기면 목표를 세우고 우선순위를 설정한 후 사람들을 적절히 활용하여, 놀라운 조직력과 추진력을 보이면서 단시간 내에 완수한다.

　이들은 일을 해결하는 데 필요한 가장 효율적인 방법을 알고 있다. 또한 언제나 바쁘게 움직이고, 여러 가지 일을 동시에 효율적이고 정력적으로 처리한다.

　3유형들은 일이 가장 재미있는 사람들이다.

　3유형의 한 지인은 정말 바쁘게 사는데 그녀는 많은 일을 하면서 에너지가 떨어지기보다는 오히려 더 에너지를 받는 것으로 보였다.

또한 솔선수범할 줄 알고 함께 일하는 사람들의 동기를 부여해 주고 힘을 실어 주며 역할모델을 잘한다. 비전을 볼 줄 알기에 리더십을 가지고 사람들을 끌고 가게 되는 것이다.

이들에게는 남들에게 믿음을 주는 편안함과 확실성을 발산하는 특별한 재능이 있다.

3유형은 자신의 능력을 신뢰하고 그 재능을 계발할 줄 아는 사람들이다. 9가지 유형 중에서 가장 자신이 지닌 잠재력을 잘 실현하는 사람들이다. 용모나 체력이 우수하게 태어나는 경향도 높다.

또한 자신이 속한 사회에서 성공한 모습으로 평가받는 것을 중요시하여 성공하기 위해 야심을 가지고 부지런히 배우고 노력하며, 실제적으로 성공을 하는 경우가 많다. 그 사회가 인정하는 최고의 학력, 지위 같은 외적인 것을 추구하며 이러한 외적인 것을 통해 개인적인 명성을 얻고 싶어 하는 것이다. 그러다 보니 유능하고 성공한 사람이며 동시에 행복해 보이는 이미지를 많은 사람들에게 연출한다. 이렇게 행복하고 성공한 이미지가 중요하기 때문에 항상 무엇인가를 성취함으로써 자신을 증명하려 한다.

한편 경쟁적인 일을 좋아하며 경쟁에서는 항상 이기려고 한다. 3유형들은 재미로 경쟁을 하는 일에서조차도 반드시 이기려 한다.

필자의 에니어그램 교육에 참석한 30대의 한 젊은 직장여성은 직장에서 팀끼리 경쟁이 붙었을 때 질 것 같으면 퇴근해서 그 분야를 따로 공부한다고 했다. 그렇게 해서라도 경쟁에서 이기려고 한다고 했다. 정말 놀라운 경쟁심이 아닐 수 없다.

융통성을 발휘해야 할 때 잘 발휘할 수 있는 이들 3유형들은 언변에 능하여 설득을 아주 잘하고 필요시 임기응변도 잘한다. 그리고 주위 사람들이 나를 얼마나 인정하는가에 대해 매우 신경을 쓰며 인기관리를 한다. 확신에 차 있고 자신감이 넘치며 당당하지만 다른 사람의 칭찬에 의해 엄청난 힘을 얻기 때문이다.

하지만 남의 찬사에 연연해하므로 진정 자유로운 내면의 기쁨이 약하다. 첫인상이 중요하다고 생각하고 있어 세련된 매너로 다른 사람을 사로잡고 싶어 한다. 그리고 최고급 의상이나 소유물을 과시함으로써 남에게 찬사를 받고 싶어 하기도 한다.

3유형들은 감정중심의 가슴형이다. 하지만 감정을 표현하는 말을 거의 하지 않고 감정에 거리 두기를 한다. 타인의 감정표현에도 차가운 반응을 보인다. 상대가 힘든 마음을 눈물로 표현하면 아주 거북해하고 심지어 인상을 찌푸리기도 한다. 물론 공적인 일이 아닌 개인적인 관계에서는 감정을 드러낸다. 또한 필요시에는 상대방에게 감동을 주기 위해 악어눈물까지도 흘릴 수 있다.

그러나 자신의 감정, 특히 부정적인 감정에 대해서는 자각하지 못하는 경향이 있다. 친밀감을 형성하게 되는 개인적인 관계는 부담스러워서 이 관계까지도 연출하는 성향이 있다. 따라서 많은 사람들을 알고 있고 친구들은 많으나 진정으로 마음을 터놓을 친구는 거의 없는 경우가 가능하다.

이들은 낙천적이고 열정적이며 자신에 대해 자기 충족적 예언을 잘 거는 경향이 있다. 한편 내면을 성찰하지 않으며 앞으로 전진하는 일에만 중요성을 둔다.

이 유형들은 일을 열심히 하고 또 일을 즐긴다. 일은 3유형에게 무엇보다도 재미있는 놀이이다. 그러다 보니 일 중독 성향을 보인다. 그러나 사회적인 인정이 중요하여 많은 일을 하다 보니 가정을 희생하게 되는 경향이 있다. 일 중심으로 인정받으며 삶을 살다가 은퇴하거나 질병에 걸리게 되는 경우 몹시 혼란을 경험하고 좌절할 수 있다.

평생 열심히 일하여 대기업의 임원까지 된 한 지인은 돈은 좀 모으고 사회적 위치도 높아졌지만 행복하지가 않다고 한다. 그리고 일에 빠져 가정에 무심하다 보니 가정적으로도 그다지 화목하지 못해 외롭기도 하다.


높은 평가를 받기 위해 노력하지만 겉으로는 노력하는 것에 대해 표시를 내지 않는 이들 3유형들은 독립적이며 다른 사람에게 도움을 요청하기가 어렵다.

이들은 이재에 매우 밝으며 부유한 삶을 살고 싶어 한다. 인센티브가 구체적으로 제시되지 않는 일은 의욕적으로 할 수 없고 집단 내에서 공동으로 일을 할 때도 자신의 공명심을 위해 일하는 경향이 있다. 공동의 일을 하면서도 자신의 공명심을 위해 일하는 이러한 3유형의 경향으로 인해, 함께 일하는 사람은 공동의 이익을 구축한다는 느낌을 받지 못하고 자꾸만 자신의 것을 빼앗기는 듯한 느낌을 받을 수 있다.

3유형들은 자기도취적인 성향과 우월자아를 가지고 있을 가능성이 높다. 또한 자신의 업적을 자랑하는 성향이 있고, 과장이 심하고 허세를 부리기도 한다. 과정자체보다는 결과나 업적이 훨씬 중요한 것이라 생각하여 목적이 수단을 정당화할 수 있다고 생각한다.

일반적으로 기업은 이윤을 추구하는 집단인지라 결과를 도출해야 한다. 그래서 대부분의 직장인들이 3번의 특성을 많이 가지고 있다. 기업에서 요구하기 때문에 계발된 성격이다. 우리는 결과보다는 과정이 중요하다고, 그래서 과정에서 최선을 다했으면 결과는 어떠하든 상관하지 않겠다고 자녀들에게 말하곤 한다.

그러나 기업에서는 이것이 통하지 않는다. 결과가 나와야 하는 것이다. 이러한 기업분위기는 3유형의 특성과 잘 맞아떨어진다.

한편으로 결과가 중요하긴 하지만 동시에 수단도 정당해야 한다. 그러나 대체로 3유형은 목적만 괜찮으면 수단은 어떠하든 정당할 수 있다는 입장이다. 다른 유형들은 사실 받아들이기 어려운 점이다. 특히 도덕적 감성이 뛰어난 1유형들에게는……. 그래서 필자가 만난 3유형의 한 내담자에게 "결과도 중요하지만 과정이 더 중요한 거 아닙니까?"라고 했더니 수긍하지 않고 "그래도 선생님, 결과가 나와야 되잖아요?!" 하고 강하게 반문하는걸 보고 생각의 차이를 느꼈다.

이렇게 어떻게 하든지 결과를 내려다 보니 편법을 사용할 수 있고 기회주의적인 성향을 갖게 될 수 있다.

이러한 성향은 장기적으로 볼 때 오히려 3유형이 원하는 성공의 걸림돌이 될 수 있다.

필자의 교육에 참여한 3유형의 한 교육생은 자신을 깊이 성찰하면서 자신이 원하는 성공을 이루기 위해서는, 그의 표현에 의하면 인성을 바로 가져야 될 거 같다고 했다. 아마 자신의 부정적인 성향인 편법적이고 기회주의적인 기질을 파악하고 나온 깨달음이 아닌가 싶다.

3유형들은 좌중을 압도하는 것을 좋아하며 남의 말을 경청하기 어렵다. 그리고 부족하거나 무능한 사람을 경멸하는 경향이 있으며 다른 사람을 수용하기가 힘들다. 또한 경쟁적인 스포츠를 선호하며 노는 것도 아주 열정적으로 논다. 그러나 시간은 무엇인가를 성취하기 위한 수단이라고 생각하고 효율적으로 관리하지만 창작활동은 시간낭비라고 생각하는 성향이 있다.

자신의 실패를 인정하기 어려워 작은 실패는 무시하게 되고 큰 실패에 대해서는 변명을 하거나 남의 탓으로 돌리며 공격성을 나타내기도 한다. 그리하여 실패를 인정하게 되는 상황에서 무척 정신적으로 충격을 받게 된다. 그래서 실패를 경험하지 않으려고 목표자체를 낮게 잡기도 한다.

실패뿐 아니라 자기 자신의 부정적 감정을 부인하는 것으로 시작하여 자신의 약점과 성공에 걸림돌이 되는 모든 것을 부인하게 된다.

이러한 3유형의 기만적인 성향이 많은 역할 가면을 쓰게 하고 자신을 연출하며 살도록 한다. 그러다 보니까 자신이 진정으로 무엇을 원하는지 알지 못하는 경우가 있다.

3유형은 때로는 실패를 인정하는 등 자신에게 진실하고 솔직할 필요가 있고 업무 이외의 즐거움을 찾을 필요가 있다.

3유형들과 잘 지내는 방법을 알아보면 이들은 함께 일하면서 일이 잘못 되어 나갈 때 많이 힘들어할 수 있음을 기억하는 게 좋다.

3유형들은 생산적인 활동을 통해 관계 맺기를 좋아하고 공동의 목표를 위해서 함께 일하는 것을 즐기기 때문이다.

이들은 타인들이 자신을 피상적인 사람으로 여긴다고 느끼고 있다. 따라서 이 점을 알고 소통하자.

또한 3유형의 낙천주의, 효율적인 일 처리능력, 넘치는 에너지에 대해 알아주는 것도 중요할 것이다.

한편 이들은 감정형이긴 하지만 감정에 거리 두기를 하기 때문에 강한 감정표현은 좋아하지 않는다.

이들은 일에 대해 아주 적극적이고 주의초점이 항상 과업에 맞춰져 있다. 따라서 일이 아닌 삶의 다른 분야에도 관심을 갖도록 도와야 한다.

요즘 얘기되고 있는 워 라벨은 특히 3유형에게 절실하다.

목표를 향해 앞만 보면서 매진하다 보면 목표는 어느 정도 이룰 수 있을 것이다. 하지만 삶의 소중한 다른 부분들, 예를 들어 건강, 관계 같은 것은 소홀히 해서 어려운 처지에 빠질 수 있다.

더구나 3유형은 일 중심이다 보니 깊은 인간관계를 맺기가 쉽지 않다.

상징색깔은 노랑이고 상징국가는 미국이다. 미국이 자본주의의 천국이고 3유형은 이러한 자본주의 사회와 너무나 잘 맞다.

상징동물은 독수리, 카멜레온이며 상징인물은 이명박, 박찬호, 오프라윈프리, 김혜수, 클린턴 등이 있다.

# 예술가형(4유형)

4유형은 애수 어린 느낌이 있고, 수줍어하며, 세련되고 우아하며 고상한 모습을 하고 있다.

이들은 삶의 진수와 아름다움을 볼 줄 아는 심미안이 있다. 독창적이고 창조적이어서 소설, 시, 음악, 미술 등의 예술적인 것에 대한 자질이 많다.

이들은 20세경에 이미 감정세계의 환희로부터 고통까지 모든 감정을 세세하고 증폭되게 경험한다.

4유형인 필자 역시도 사춘기 시절에 다양한 감정이 쓰나미처럼 밀려와서 많이 힘들게 그 시절을 보낸 경험이 있다. 외부의 상황과는 무관하게 아동기에 경험하지 못한 감정들이 감당하기 어려울 정도로 내면에서 밀려왔다. 이렇듯 넓은 스펙트럼의 다양한 감정을 경험하다 보니 4유형은 감정의 달인이 될 수 있다.

필자가 상담을 공부하던 시절, 수련과정으로 상담센터에서 애도상담교육을 50여 시간 등록하여 들었다. 그때 과제로 아내를 사별한 남성이 겪는 하루하루의 상실감을 기록한 책을 읽고 대표발제를 했다.

기독교인들에게 잘 알려진 C. S. 루이스 책의 한국어 번역본이었는데 저명한 작가답게 자기성찰을 하면서 사별 직후부터의 자신의 미세하게 변하는 상실의 감정을 탁월하게 쓴 책이다.

책을 읽으면서 나는 그 순간순간 올라오는, 시간에 따라 달라지는 작가의 상실감의 감정을 백 프로 이해할 수 있었다.

주관적인 감정을 다루었고 더구나 감정을 번역한 그 내용을 백 프로 이해했다고 하니 지도교수를 비롯해 모든 상담사들이 놀라움을 감추지 못했다. 아마 필자가 어린 시절 깊은 상실을 맛보아서 더욱 쉽게 이해했는지도 모르겠다. 하지만 4유형은 별다른 외부의 사건이 없어도 자신의 내부에서 끊임없이 여러 가지 다양한 감정이 올라온다. 그 감정을 다 경험하니 감정이해가 빠르고 공감능력이 뛰어날 수밖에 없다. 한마디로 4유형들은 절절히 살고 있다.

상담은 일차적으로 감정을 다루는 작업이다.

타인의 감정을 정확하게 공감하는 4유형의 이러한 강점은 상담사로서 특별한 자질이 된다.

이들은 심오하여 내면세계, 특히 어두운 부분, 슬픔과 고통, 영과 무의식에 대한 통찰력이 높고 비극적인 일이나 죽음에 대해 관심이 많다. 또한 형이상학적인 것에 관심이 많고 물질적인 것에 대해서는 관심이 없다.

가장 개성이 강한 유형으로 다른 사람과 구별된 자신의 모습을 만들어냄으로써 자아정체성을 찾으려 한다.

　4유형은 평범을 기피한다. 평범하면 자신이 없어지는 기분이 든다는 4유형이 있었다. 4유형에게 있어서 정체성은 아주 집착하는 개념이다. 그런 이들이 평범 속에서는 정체성이 없어지는 기분이 드니 평범을 기피할 수밖에 없는 거 같다.

　단체모임에서 모든 사람들에게 똑같은 유니폼을 입도록 하면 4유형은 스카프 하나를 목에 매고 나타난다고 한다. 그렇게 해서라도 자신을 구별되게 하고 싶은 것이다.

　이들은 특별하게 취급받고 싶어 하며 독특한 자신의 모습을 연출할 줄 안다.

　4유형들은 신비스럽고 난해하고 모순적인 모습을 가지고 있으며 그러한 자기 자신을 좋아한다. 신비의 카리스마가 있다. 또한 어떤 식으로든 눈에 띄는 상황을 연출하여 다른 사람의 시선을 끌게 되는 것을 좋아한다.

　이들은 귀족적이고 도도하며 고상함을 추구하고 예의범절을 중요시한다. 또한 이들은 형편없는 취향을 가지고 있는 사람을 못 견뎌한다. 자존심이 매우 강하지만 의외로 내면세계는 여린 마음이 숨어 있다.

　4유형은 비극적 낭만주의자로 언젠가는 백마를 탄 왕자가 나타날 것이라는 갈망을 가지고 있고 잃어버린 사랑에 대한 향수를 가지고 있다. 한편 애정관계에서 상대방이 자신을 알게 되면 자기를 떠날 것이라는 생각을 한다.

내면에 극렬함이 들어 있으며 때로 이 극렬함이 분출하게 되면 무섭게 행동할 수 있다. 내면에 있는 이 극렬함은 영화 휘드라에서 '사랑을 위해 죽어도 좋아!'라고 외치는 장면을 떠올리게 한다. 이러한 극렬함 때문에 4유형을 어느 유형보다 강하다고 보는 사람도 있다. 그러나 앞에서 얘기했듯 내면에는 상당히 여린 마음이 숨어 있다. 이들은 다른 사람에 대한 감정이입도 아주 잘된다. 그래서 4유형의 공감은 질적으로 다르다고 한다.

이들은 에니어그램 유형들 중에서 가장 공감을 잘하는 유형이다. 공감을 잘하는 이들 4유형들은 다른 사람의 고통이나 슬픔에 대해 쉽게 동화될 수 있어 앞에서 얘기했듯 상담자로서 자질이 많다. 또한 가장 직관이 강한 유형이다.

이들은 다른 사람들로부터 이해받지 못한다고 자주 느끼며 그럴 때 자주 외로움을 느낀다. 가까운 사람과 있을 때조차도 존재자체의 고독감을 느낀다. 또한 극적인 감동을 추구하며 감정변화가 심하여 쉽게 외부와 내부의 자극에 의해 영향을 받는다. 감정이 오르락내리락 마치 롤러스케이트 타듯 한다.

이렇듯 감정기복이 심한 이유가 평범하고 일상적인 무미건조한 삶을 참아내기 위한 방편으로 보이기도 한다.

이들은 무미건조한 지루한 삶보다는 나쁜 일일지라도 어떤 일이 일어나기를 원할 정도이다. 또한 감정적으로 과민하여 사소한 일에도 잘 상처받고 의기소침해지며 자기 파괴적일 수도 있다.

기본성향은 우울이며 상황이 잘 풀릴 때에조차도 우울을 경험한다. 대체로 4유형의 우울은 우울증과 같은 우울이라기보다는 소녀적인 감성의 센티함에 가깝다.

비가 오는 날 창이 큰 찻집에서 커피 한잔을 앞에 두고 음악을 들으며 살짝 가라앉은 감정으로 하염없이 상념에 잠기는 그런 식이라고 할까!

그러나 심하게 우울한 경우에는 칩거하여 자신의 세계에 숨어 있는 경향이 강하다. 자신을 비련의 주인공으로 생각하며 삶을 연극무대로 여기는 성향이 있다. 때로 기분이 극도로 좋을 경우도 있다. 이런 면은 에니어그램 유형의 특성을 모르고 일반적으로 본다면 정서장애 혹은 조울증으로 볼 수도 있을 것이다.


상담을 공부하던 시절 내담자 사례를 두고 슈퍼바이저에게 집단 슈퍼비전을 받을 때였다. 이 시간은 상담을 진행한 상담사가 작성한 상담내용(축어록)을 다 같이 보면서 상담지도를 받는 시간이다.

해당 내담자가 오전에 계속해서 기분이 저조하고 우울했는데 오후에 기분이 갑자기 아주 좋아졌다고 했다. 그래서 슈퍼바이저인 교수가 "그 사이 무슨 일이 있었답니까?"라고 질문했고 상담한 상담사는 "아니오."라고 답했다. 그랬더니 다시 교수가 "그런데 왜 갑자기 기분이 좋아졌답니까?" 하고 물었다.

상담사는 "그냥 길을 지나가다 좋아하는 음악이 들리고 또 커피를 한잔 마시고 하면서 기분이 아주 좋아졌대요."라고 했다.

그 순간 슈퍼바이저를 비롯한 모든 상담사들은 한결같이 심각하게 생각하는 눈치였다. 물론 심각한 현상일 수도 있다. 그러나 만일 그 내담자가 4유형이라면 4유형에게는 하루 중에도 다반사로 있는 일이다.

4유형의 내면은 총천연색 영화가 상영되고 있는 것과 같다고 한다. 이런 4유형의 감정적 기복은 자신의 감정에 의해 조종당하게 한다.

이들은 사람들과의 관계를 갖는 것보다는 자신이 만든 환상의 세계에서 상상 속의 이미지를 통한 만족을 얻는 것을 선호한다. 혹자는 깔끔하고 고고한 4유형이 살기에는 현실이 너무 척박하다고 말하기도 한다. 그래서 환상의 세계를 가지고 있는지도 모르겠다. 그 환상의 세계에서 호흡을 고르는 모양이다.

소유보다는 갈망 속에서 훨씬 만족해하기도 하고 소유하게 된 경우 곧 싫증을 내게 된다.

4유형에게는 멀리 있는 것이 더 아름답게 보인다.

이들은 혼자 있는 것을 좋아하고 부끄러움을 잘 타지만 막상 앞에 나서면 정열적으로 해낸다.

4유형은 현재에 살지 않고 과거와 미래에 사는 경향이 있으며 현존이 쉽지 않다. 지금, 여기 존재할 때 행복감이 증진되는데 지금, 여기 존재하는 현존이 잘 안 되니 기본성향이 우울이 아닌가 하는 생각도 든다.

4유형은 과거의 상처를 끌어안고 사는 경향이 강하다. 또한 이들은 자기애가 강하여 자신은 사회적 규범을 지키지 않아도 되는 예외적인 존재라고 생각한다.

권위를 중시하지 않으며 내적으로 권위가 있는 사람만 존경한다. 규칙이나 다른 사람의 기대에도 쉽게 따르지 않는다. 그러나 동시에 자신의 결함에 대한 의식이 강해서 자기비하도 심하다. 다른 사람들이 자신을 오해하고 경멸할 것 같다는 느낌을 갖는다. 자존감도 그다지 높지 않다. 다른 사람이 지닌 것에 대해 선망하는 성향이 강하고 질투심도 강하다.

자신의 내면을 있는 그대로 이해해 줄 친구를 원하지만 막상 그러한 친구가 다가올 때는 마음을 쉽게 열지 못하는 성향이 있다. 또한 다른 사람에게 도움을 청하지 않으며 알아서 해주기를 기다린다. 그리고 그렇게 되지 않을 때 마음이 상하지만 겉으로는 표현하지 않는다.

이들은 시간에 자유로우며 뭐든지 하고 싶을 때 하려고 하고 본인이 원하는 일에 대해서는 열성적으로 하지만 그렇지 않은 일에는 전혀 무관심하다. 또한 일상적인 일을 해 내기가 너무 어려운 이들은 현실에 만족하지 못하고 끝없이 새로운 것을 추구하고 짜릿한 모험을 즐기며 극적인 자극을 원한다. 동시에 상황이 어려워지면 쉽게 포기한다. 4유형은 감정의 균형과 감정의 객관성을 유지하도록 노력할 필요가 있다.

4유형과 잘 지내는 방법을 알아보면 4유형들은 감정의 깊이가 큰 장점 중 하나이다. 또한 지각력과 창조성이 뛰어나다.

이러한 점들을 인정하고 높이 평가하면 좋다.

4유형들은 기분이 수시로 변하는데 이것을 알아차리고 그럴 때 나에게 어떤 영향을 미치는지 솔직하게 말해주는 것도 좋다. 그러다 보면 서로 마음을 열고 대화가 되면서 불필요한 오해의 소지도 두지 않게 된다. 또한 자신의 감정을 표현해서 처리하고 싶은 이들의 욕구도 만족시킬 수 있다.

비판은 이들 4유형들에게 수치심을 자극할 수 있으므로 조심해야 한다. 특별히 이들이 모욕을 당했다고 느낄 때는 혹시 오해한 부분은 없는지 살펴볼 수 있도록 하게 하면 좋은 관계를 만들어나갈 수 있을 것이다.

4유형들을 잘 돕기 위해서는 강렬한 감정과 분노가 일어날 때 건설적으로 표현할 수 있도록 도와주자. 4번 유형들은 감정이 무척 격렬하기 때문이다. 이 격렬한 감정을 잘 다스려서 평정심을 가질 수 있다면 아주 강인해질 수 있다. 또한 이들은 자주적이고 독립적이고자 하는 욕구가 강하기 때문에 이를 이해해주면 좋다.

예술가형인 4유형인지라 창조성이 뛰어나다.

이러한 강점을 잘 발현할 수 있도록 음악, 미술, 글쓰기 같은 창조적인 활동을 할 수 있도록 환경을 조성해주는 것도 바람직하다.

상징색깔은 보라, 상징국가는 프랑스, 상징동물은 귀족적인 흑마, 상징인물은 제임스 딘, 앙드레김, 마이클 잭슨, 조수미, 재클린 같은 이들이 있다.

# 관찰자형(5유형)

5유형은 이지적이어서 희로애락의 표현이 없고(무표정) 진지하거나 함초롬하며, 냉정한 인상을 준다.

이들은 혼자 있는 것을 좋아한다. 특히 책 읽는 것을 좋아하며 수집하는 것도 즐긴다. 수집은 남과 다른 특별한 것을 수집하려는 성향이 있다. 그리고 어려서부터 지적 호기심이 많아 질문을 많이 하고 열심히 배우려고 한다.

이들은 생각을 통해 근원적인 것까지 탐색한다. 근원적인 것의 기전을 파악하길 원하고 다른 사람들이 간과하기 쉬운 측면에 대해 더 깊은 관심을 가진다.

이들은 삼라만상의 원리(인생문제 포함)에 대해 다양한 질문의 화두를 던지는 사람이다. 또한 삶의 다양한 명제(죽음 포함)에 대해 철학적으로 숙고하고 고뇌할 수 있다.

이들은 에니어그램 유형 중 가장 이지적인 유형으로서 이성적이고 객관적이며 합리적이고 논리적이다.

5유형은 지식(아는 것)이 힘이라고 생각한다. 따라서 지속적으로 배우려고 하며 학습 속도가 매우 빠르다. 그리고 내면이 공허하여 지속적으로 지식을 습득함으로써 충족감을 느끼고 싶어 한다. 그러나 지적 오만함이 있을 수 있으며 비판적일 수 있다.

이들은 여행조차도 학습의 목적으로 하는 경우가 많으며 이 세상이 돌아가는 이치를 파악해 냄으로써 이 세상을 통제할 수 있다고 생각한다. 그리고 정보 수집을 중시하며 객관적인 관찰을 선호한다. 특히 시각을 선호하여 20세 이전에 안경을 쓰는 경우가 많다.

이들은 다른 사람의 말을 명민하게 경청한다. 그러면서 마음속으로 분석하여 객관적인 답을 제공할 수 있어 코치나 상담가로서의 역량이 있다.

또한 집중력이 강하다. 관심이 있는 분야에 대해서는 논리적이고 합리적으로 사고를 해 그 이치를 탐구해 내어 전문가가 된다. 아울러 통찰력이 강하고 탐구심이 탁월하여 때로는 놀라운 것을 발명한다. 그러나 관심이 없는 영역에 대해서는 전혀 아무것도 모르는 성향이 있다. 그러다 보니 일상생활의 여러 가지 일들을 처리하는 것이 어려운 경우도 있다.

성숙하면서 어떤 상황에서도 다양한 관점을 포괄할 줄 알고 사려 깊게 되는 이들 5유형들은 다른 사람을 독립된 개체로 인정하고 자율성을 존중해 준다. 그리고 매우 독립적이어서 남의 도움을 받길 원하지 않고 남에게 좌지우지되는 것도 싫어한다. 따라서 되도록 적은 것으로 만족하려고 하는 성향이 있다. 또한 말수가 적으며, 말을 많이 했을 때 공허감을 느낀다.

이들은 어리석어 보이고 싶지 않기 때문에 말을 삼가며 말을 할 때 실수하지 않으려고 애쓴다.

직접 뛰어들어 체험하기보다 모든 것에서 한 걸음 물러나 관찰하거나 초연하게 관조하는 경향이 있다. 그러나 어떤 곳에서도 말없이 숨어 있지만 모든 것을 예리하게 꿰뚫어보고 있다. 많은 정보를 모은 후 그것에 대해 생각을 집중시켜 분류하고 정리하여 논리적으로 연결하는 것을 통해 체계를 만들어 보는 것을 좋아한다.

심오하여 내면세계를 깊이 성찰할 수 있는 이들 5유형들은 명상에 재능이 있으며 상상력이 풍부하고 독창적이다. 그리고 눈에 띄는 것을 별로 좋아하지 않고 스스로 의견을 말하지는 않는다. 그러나 질문을 받으면 핵심을 간파하고 있기에 준비가 된 경우 조리 있고 명확하게 답변한다.

한편 사물의 부정적인 면이 먼저 눈에 보이기 때문에 체념이 빠르고 소극적이다. 이들은 삶의 무의미성을 가장 많이 느끼는 유형이다. 힘든 상황에서는 체념하게 되고 무의미하게 느끼는 경우 삶에 대해 고뇌하면서 허무주의에 빠지게 된다.

아들이 자살을 한 어머니를 애도 상담을 한 적이 있다.

무난하고 평범한 가정에서 사랑받고 자라던 사춘기의 소년이 갑자기 높은 데서 뛰어내린 것이다.

새벽에 아이가 보이지 않아서 의아하게 생각하고 찾던 부모는 경찰로부터 소식을 전해 듣고 경악을 금치 못했다. 아이에게 무슨 일이 있었단 말인가? 상담 내내 흐느끼던 어머니는 도무지 아들이 자살할 이유를 찾을 수 없다고 했다.

단지 책꽂이에 죽음에 대한 책이 두어 권 꽂혀 있었다는 것과 아이가 가벼운 두드러기로 조금 고생하는 것 외에 자살에 대한 이렇다 할 단서를 찾을 수가 없다고 했다.

어머니와 평소 아이의 성격을 살펴보면서, 또 어머니가 아들 대신 한 에니어그램 검사에서 아이가 에니어그램 5유형임을 알 수 있었다.

특별히 삶의 무의미성을 가장 크게 느끼는 사춘기에 5유형의 소년이 극단적인 선택을 한 것으로 짐작해 볼 수 있었다.

한편 외모에 별로 신경을 쓰지 않는 이들 5유형들은 운동을 싫어하고 잘 못 한다. 또 많은 사람들과 있으면서 집단행동을 하면 피곤하고 사고의 명료성이 떨어진다고 느낀다. 따라서 공동생활이나 소풍 등의 활동에 가능한 한 참여하지 않으려 한다.

이들에게는 사람들과 함께 일을 하고 대화 나누는 일이 부담스럽다. 그러나 지적논쟁을 하는 자리는 선호하지만 개인적인 사생활을 이야기하는 것은 좋아하지 않는다.

이들은 자신만의 시간과 공간을 반드시 필요로 하고 프라이버시를 매우 중요시한다.

필자는 초등학생을 둔 어머니들에게 부모교육으로 에니어그램 강의를 할 기회가 많다. 한번은 초등학교 2학년생을 둔 어머니가 "선생님, 저의 아들이 5유형인 게 확실한 거 같아요." 했다. "왜요?" 하고 물었더니 아이가 "엄마, 엄마가 저를 사랑해주시는 것은 좋은데요. 너무 그러면 비밀이 없잖아요." 하더라고 했다.

초등학생 아이의 말이니까 다시 해석해보면 '비밀'이란 제 영역 즉 경계선이 없어진다는 뜻으로 보인다. 다시 말해 내 경계선이 무엇보다 중요한 에니어그램 5유형에게 엄마가 사랑이란 이름으로 자꾸 침범한다는 것이다. 참 깜찍하지 않은가?

이렇듯 5유형은 자신만의 공간과 자신만의 시간이 꼭 필요한 사람들이다. 이것을 존중해주어야 한다.

이들은 혼자 있어도 생산적으로 많은 일을 할 수 있다. 그리고 음악회나 극장은 혼자 간다. 서로가 독립적으로 너는 너, 나는 나의 관점을 견지하는 것을 원한다. 따라서 이웃의 삶에 무관심한 성향이 있다. 그리하여 누군가가 나에게 정서적으로 기대거나 지나친 애정 표현을 하는 것을 부담스럽게 생각한다. 또 구체적인 관계를 두려워하며 오히려 멀리 떨어져 있을 때 애정을 느낀다.

이들은 지나치게 객관적이어서 자녀나 배우자가 한번이라도 내편을 들어주었으면 소원이 없겠다고 생각할 수 있다.


5유형들은 준비모드다. 언제나 준비가 덜 되었다고 생각되기 때문에 계속해서 더 배우고 정보를 수집하고 싶어 한다. 따라서 쉽게 행동으로 옮기지 못하며 현실에 적극적으로 참여하려들지 않는다. 어려운 일이 생겨도 더 깊이 생각해 보아야 한다고 생각되어 대결과 갈등상황에 뛰어들지 않을 수 있다.

감수성이 예민하지만 느끼기를 두려워하며 감정을 관조하거나 통제해야 할 대상으로 생각한다. 이러한 양상이 반복되면 자신의 감정을 자각하지 못할 수도 있다.

5유형들은 어떤 상황이 감정적 동요를 불러일으키면 무의식적으로 그 순간 스스로의 느낌을 털어 버린다. 그리고 자신이 선택한 시간이나 장소에서 그 감정을 다시 떠올린다.

어떤 사람이 자신은 5유형인데 어려운 상황에서는 힘든 감정을 못 느낀다고 하였다. 그리고 그 어려운 상황에서 벗어나고 한참 시간이 지난 뒤에 부정적인 감정이 올라온다고 하였다. 그래서 힘들다고 토로하였다.

이렇듯 5유형은 순간적으로 감정에 거리 두기를 하는 것이다.

5유형의 이러한 성향은 위기상황에서 감정적 동요를 일으키지 않고 잘 대처할 수 있는 장점이 있다.

집안에 칼을 든 도둑이 들었단다. 한밤중에 덜커덕거리는 소리에 도둑인가 싶어 마음을 졸이며 나가봤다. 역시나 칼을 든 도둑이 서 있었다. 그러나 5유형인 이분, 전혀 감정적 동요를 일으키지 않았다. 그리고 침착하게 도둑에게 "나가시는 문은 저쪽입니다."라고 했단다. 그러자 오히려 당황한 도둑은 "아, 네." 그러면서 순순히 그 문을 통해 나갔다고 한다. 그리고 나서 시간이 좀 지나고 나니 와들와들 떨리더라고 했다.

이렇게 감정에 거리 두기를 하는 5유형들은 감정에 휩싸이거나 야단법석을 떠는 일을 아주 경멸한다. 또한 사람을 사귀는 것이 가장 어려우며(참고로 2유형은 사람을 사귀는 것이 아주 쉽다.) 대인관계의 갈등을 가능한 한 피하려고 한다.

이들은 개인 간 심리적 거리감이 가장 멀며 인간관계에서 예의자체를 중시한다. 친구를 사귀는 데 오래 걸리며 신뢰하게 되면 소수의 친구만 깊이 있게 사귄다. 애정이 있지만 이에 대한 감정을 부모나 친구에게 감정언어나 피부접촉으로 잘 표현하지 않는다.

애정을 피부접촉으로 표현하지 않을 뿐 아니라 5유형은 피부접촉 자체를 좋아하지 않는다. 피부접촉을 좋아하고 피부접촉으로 친밀감을 표현하는 사람들에게는 섭섭할 수 있을 것이다.

갓 돌이 지난 필자의 손자는 자동차 베이비 시트에 앉혀놓으면 함초롬한 표정으로 세상을 이해하려는 듯 창밖을 유심히 내다본다. 또 배밀이를 하면서 기어 다닐 때부터 빨간 도르래와 파란 도르래를 손으로 탁탁 쳐서 동시에 굴리면서 그 둘의 차이점을 유심히 관찰하는 모습을 보여 우리로 하여금 웃게 만드는 등 5유형의 모습을 보이고 있다. 그래서 피부접촉을 좋아하지 않는 아이의 특성을 며느리에게 알려주면 관계지향적인 2유형의 며느리는 벌써부터 섭섭해한다.

5유형들은 결혼은 가능한 한 늦게 하고 싶으며 독신으로 지내려는 성향도 있다. 자녀를 양육하는 일을 부담스럽게 생각한다. 자녀가 많은 것을 요구한다고 느끼며 자신은 상대적으로 그 모든 것을 다 해줄 수 없을 것 같이 생각한다. 자녀가 무조건적인 사랑의 대상이라기보다 책임져야 할 대상으로 인식되는 것이다.

그리고 늘 할 일이 많다고 느껴지기 때문에 시간에 인색하다. 또한 강요와 간섭, 충고를 매우 싫어하고 자기 자신을 지나치게 객체화하는 성향이 있다. 그러나 보수적이지만 자신의 세계 내에서는 혁신적인 아이디어를 창출할 수 있다. 그리고 환상이나 상상의 세계에서는 매우 대담할 수 있다.

이들은 상황을 예측하여 준비하고 싶어 한다.

금욕적일 수 있으며 이렇게 절제할 수 있는 자신에 대해 매우 만족해한다. 형이상학적이고 추상적인 관념의 세계에 머무르는 일이 많은 이들 5유형은 현실에서 동료들과 어울리고 몸을 많이 움직일 필요가 있다.

5유형과 잘 지내기 위한 방법을 알아보면 5유형들은 지성적이고 객관적이기에 이런 면을 높이 평가하면 좋다.

5유형들의 사고는 감정에 의해 크게 영향받지 않는다. 이러한 특성은 정확하게 사물이나 사건의 본질을 볼 수 있어서 무척 강력한 힘이다. 따라서 이들과 문제를 해결할 때는 객관적이 되어야 한다. 감정을 앞세우면 해결은 멀어진다. 또한 이들과는 흥미 있는 주제에 대해 진지하게 대화를 나누면 좋은 교제가 될 수 있다.

한편 이들은 주목받는 것을 무척 불편해한다. 그러므로 이들에게 관심이 집중되는 상황을 만드는 것은 피한다.

이들을 돕기 위해서는 몸을 사용하도록 하게 한다.

이들은 생각으로 사는 사람들이어서 머릿속으로 생각하면 마치 실제로 행동한 것과 같은 기분을 가질 수 있다. 따라서 몸을 사용하여 활동적이게 하고 운동을 하게 하면 좋다. 또한 다른 사람들과 관계 맺는 것이 쉽지 않으며 관계 맺는 기술이 부족하다. 관계 맺는 기술을 타고나는 2유형과 이 점에서 대조적이다. 따라서 어린아이라고 하면 부모가 의도적으로 친구를 초대하게 하거나 친구와 어울리도록 하면 좋다.

5유형의 아이를 둔 한 어머니는 아이가 학교 갈 때나 집에 올 때나 혼자 다녀서 혹시 왕따를 당한 건 아닌지 걱정을 했다. 그런데 에니어그램을 알고 나서 그 걱정을 내려놓았다. 그리고 아이에게 혼자 다니는 것이 너의 취향인 줄 모르고 엄마가 괜히 걱정해서 미안하다고 했단다. 그랬더니 아이가 '그래, 내가 좋아서 그러는데 엄마가 괜히…….' 하더란다.

이렇듯 5유형은 관계 맺는 기술도 부족하지만 그다지 관계 맺고 싶은 마음도 없다. 그러므로 적절히 도와주는 것이 필요하다. 즉 다른 사람이 자신의 세계에 들어오는 것을 별로 내켜하지 않기 때문에 다른 사람이 들어오도록 마음을 열게 하도록 한다. 그리하여 친구와 세상을 얻고 내적으로는 자신감과 평안을 누리도록 도우면 좋을 것이다.

상징색깔은 블루, 상징국가는 영국, 상징동물은 지혜의 올빼미이다. 5유형의 인물로는 고 김대중 대통령, 빌 게이츠, 오바마 등이 있다.

# 헌신가형(6유형)

조심스럽고 진지하며 걱정이 있는 듯한 표정을 하고 있는 6유형들은 여성일 경우 온화한 모습이 보이고 남성일 경우 강한 체하는 모습을 보일 수 있다. 그 저변에 기질적인 불안(공포)이 내재하다 보니 이 공포에 대해 순응하는 공포 순응형과 공포에 대해 대항하는 공포대항형의 두 가지 상반된 속성이 공존하고 있다. 따라서 심리구조가 복잡하다.

이들은 부끄러움을 타고 온순하고 호감이 가며 예절바르고 다정할 수도 있다. 동시에 빈정대고 으스대며 강한 체하고 냉담하며 고집이 셀 수도 있다. 또한 원칙중심의 6유형이 있고 감정중심의 6유형으로 나뉠 수도 있다.

원칙중심의 6유형은 드러나는 행동이 1번 유형과 많이 닮아 있다. 감정중심의 6유형은 2유형의 모습과 닮아 보인다.

이들은 안전제일주의자로 자신의 안전을 위해 확실한 것을 추구한다.

이들은 미래에 대한 걱정이 많다. 어떤 일이 일어날지 모른다고 느껴져 근심걱정이 많고 경계하며 의심한다. 또한 이 세상에 위험과 불확실성이 가득 차 있다고 느껴져서 늘 경계태세를 늦추지 않는다. 그리하여 만약의 사태에 대비해야 한다고 느끼며 자신의 기대를 최소한으로 제한하려고 한다.

6유형들은 목표와 꿈을 좇기보다 자신의 안전망을 구축하고 유지하는 데 더 중요성을 두게 된다. 자신 안에 믿을 만한 내적 자원이 별로 없다고 느껴 외부에서 자신을 안전하게 지켜줄 지지체계를 구한다. 따라서 소속감이 중요하여 가족이나 소속된 단체에 끝까지 헌신한다.

이들은 일단 어떤 신념에 투신하게 되면 이를 확실하게 지켜나가는 정신이 있다. 그러나 때로 권위에 맹종하는 성향도 있다. 자신을 지켜줄 권위자를 찾게 되면 그 권위자에게 속해 충성을 다하며 신뢰를 얻고 싶어 한다. 또한 책임감을 위해서는 인내심을 가지고 자기희생도 감수하며 헌신한다.

이렇듯 기본적으로 권위자를 신뢰하지만 동시에 그 공정성을 끊임없이 의심한다. 권위자가 공평하지 않다고 판단되면 그 권위자나 권력에 반발하고 약자의 주장에 공감하며 불리한 싸움이나 위험에 과감하게 도전하는 면도 있다.

아울러 다른 사람에 대해 지속적으로 의심을 하는 성향이 있고 자기의심도 많아 법이나 원리 원칙과 같은 확실한 것을 찾게 되고 찾으면 독선적일 수 있다. 세상에 대해 비관적이면서도 자신감과 자기 확신이 부족하여 다른 사람의 동의를 구하려 한다. 다른 사람에게 순응하여 지내다 보니까 다른 사람이 날 이용하는 것 같다는 피해의식을 갖는 경우도 있다.

이들은 최악의 사태가 자꾸 예견되어 마음이 불안하고 두렵다. 작은 일도 지나치게 신중하게 생각하여 소심할 수 있다. 그리고 작은 실수나 혹은 실수가 반복이 되면 큰 화를 당할 수 있다고 생각하여 모든 일을 꼼꼼하게 챙기고 확인하려고 한다. 그래서 6유형에게 일을 맡기면 믿을 만하고 안심이 된다.

이들은 확고부동한 사회의 법, 규칙이나 명령을 잘 준수한다. 그러다 보니 융통성이 없게 된다.

한편 6유형들은 책임감이 강하고 성실하며 의무를 다하려고 한다. 주위 사람들과의 인화관계도 잘하고 사람들에게 성실하며 신뢰감을 준다. 사람들을 쉽게 믿지 못하여 쉽게 사귀지 못하지만 일단 사귀면 한결같은 온정을 보이고 충실하다. 책임, 성실, 신뢰, 한결같음, 이러한 점은 6유형의 가장 큰 강점이 아닐 수 없다.

필자의 친구 중에 6유형이 있다.

친구들 모임인 카톡방이 있는데 이 친구가 아침마다 성경구절과 시 한 편을 올린다. 정확하게 아침 7시에 올린다.

기독교인인 친구들은 아침에 성경을 읽을 수 있고 또 거기다 시 한 편까지 읽으면서 영적양식을 얻고 영적 디저트까지 먹는다고 기뻐한다. 이에 책임감을 느끼고 있는 이 친구는 하루도 빠지지 않고 정확하게 아침 7시에 성경구절과 시를 올린다. 이 원칙은 딸이 결혼하는 날 아침에도 어김이 없었다. 아침에 카톡이 몇 번 울리면 필자는 아, 지금 7시구나 하고 생각한다.

6유형의 강한 책임감과 성실, 한결같음이 아닐 수 없다.

한편 6유형들은 어떤 결정을 내려야 할 때 생각이 너무 많아 쉽게 결단을 하지 못하고 우유부단할 수 있다. 또한 소신 있게 행동하거나 추진력을 가지고 밀고 나가지 못한다. 앞에 나서기보다는 안전하게 참모로서 일하는 쪽을 선호한다. 하지만 때로는 무모하게 행동을 먼저 할 수도 있다. 동시에 6유형들은 추리력이 매우 높아 숨겨진 의도를 잘 파악한다. 그리고 모순된 상황에 대해서 통찰력이 높다.

이들은 의식이 항상 외부로 향해 있어 자신의 내면을 잘 파악하지 못한다. 이러한 성향 때문에 자신이 느끼는 위협의 원인을 타인의 탓으로 돌리는 경향이 있다.

6유형들은 자녀에 대한 사랑이 매우 강하여 자녀를 위해 무엇이든 해주려고 하여 자녀를 의존적으로 만든다. 따라서 자녀가 개성이 있는 자율적인 존재로 크는 것을 방해할 수 있다. 또한 세상을 위험한 곳으로 생각하여 자녀를 끼고 있으려 한다.

이러한 6유형의 경향은 자녀들이 어릴 때는 크게 문제가 되지 않는다. 하지만 사춘기에 접어들면 부모로부터 독립하려는 자녀와 갈등을 일으킬 수 있는 소지가 어느 유형보다 크다.

한번은 상담실에 초등학교를 졸업하고 막 중학교에 진학한 딸을 둔 어머니가 찾아왔다.

초등학생 때까지만 해도 착하던 딸이 중학교에 진학하면서부터 자신의 말도 듣지 않고 자신과 갈등을 일으킨다는 것이다.

에니어그램 검사결과 6유형의 어머니였다. 중학교에 진학한 딸은 7유형이었다. 다음 장에서 얘기하겠지만 7유형은 세상이 잔칫집과 같고 세상에는 재미있는 일이 너무나 많다. 그러다 보니 하고 싶은 일도 너무나 많다.

이제 부모슬하를 어느 정도 벗어나서 친구들과 자유롭게 찜질방도 가고 싶고 영화도 보고 싶다. 그런 7유형인 딸과 세상은 위험한 곳이라고 생각하는 사춘기의, 그것도 딸을 둔 어머니 사이에 어떤 일이 벌어질 것인지는 가히 짐작할 만하다.

어머니는 계속 아이를 구속하고 간섭하려 했고 그런 간섭이 너무나 거추장스러운 아이는 급기야는 학교도 가지 않겠다고 선언한다. 그리고 엄마에게 욕설을 내뱉는 문제아 아닌 문제아 모습을 보이게 된다. 그런 아이를 보고 어머니는 눈물을 흘리면서 어떻게 해야 할지 몰라 발을 굴렀다.


6유형들은 정형화된 삶을 사는 것을 선호하고 보수적이며 도전이나 변화를 두려워한다. 성공은 또 다른 위험이라고 생각하여 성공을 기피하는 성향이 있다. 미래를 대비하기 위해 저축이나 보험 등에 가입하는 등 준비성이 매우 강하고 미래에 다가올 일에 대한 감지능력이 높다. 미리 상황을 예측하고 싶어 하며 돌발 사태에서는 어쩔 줄 몰라 한다.

한편 친구들과 좋은 관계를 유지하면서도 늘 마음속에서는 소외당할까 봐 두려워한다. 일부 6유형들은 다른 사람에게 공손하게 잘 대함으로써 미리 공격을 받지 않도록 자신을 보호하려 한다.

이들은 기질적인 두려움을 강박적인 행동을 통해 숨기려고 한다. 칭찬을 받게 되면 불안한 마음이 들며 숨겨진 계략이 있나 의심이 되어 불편해한다. 그럼에도 비판이나 질책에는 과민하며 이를 두려워한다.

시간관념이 철저한 이들은 잘 웃지 않으며 긴장해 있으며 놀지도 못한다. 또 남의 눈에 띄거나 튀는 것을 별로 좋아하지 않는다. 그리고 자기표현을 잘 못 하고 주저주저하거나 말을 더듬을 수 있다.

6유형들은 대부분의 걱정이 머릿속에만 있는 것임을 깨닫고 조화로운 삶에 충실할 필요가 있다.

6유형들과 잘 지내는 방법을 알아보면 이들은 관계에 충실하고 한결같다. 그리고 위기상황이나 비상사태를 극복하는 능력이 빼어나다.

이런 좋은 점들을 알아보고 소통하는 것이 바람직하다. 또한 모든 것을 정직하게 열어놓고 대하게 되면 모든 카드가 테이블 위에 올라와 있을 때 안전함을 느끼는 6유형에게 신뢰를 얻을 수 있다.

6유형들은 아첨하거나 지나치게 친절한 것을 좋아하지 않는다. 아첨하거나 지나치게 친절하면 항상 이면을 생각하는 6유형은 혹시 숨겨진 의도가 있지 않나 하여 의심하게 되기 때문이다.

한편 이들은 내면의 불안이나 두려움으로 고통을 겪는데 이럴 때는 그들을 괴롭히는 것이 무엇인지 잘 들어주는 것이 필요하다. 그럴 때 문제를 해결하려고 애쓸 필요는 없으며, 단지 잘 들어주는 것만으로 충분하다. 그리고 그들의 불안으로 당신까지 불안해지면 그 사실을 정직하게 이야기하도록 한다.

이들을 잘 돕기 위해서는 운동을 많이 해서 불안과 스트레스가 쌓이지 않게 한다. 운동을 하다 보면 세로토닌이 생성되면서 불안이 사라지고 긍정적이 될 수 있다. 그래서 나쁜 일에 초점을 맞추는 성향을 극복하고 좋은 일이 일어나는 것에 집중할 수 있도록 한다. 또한 6유형들은 뭔가를 결정할 때 위험부담을 피하려고 아주 신중해진다. 그러나 어떤 일이든 얼마간의 위협은 피할 수 없음을 인식시켜주자. 그래서 자신의 결정을 신뢰하고 자신감을 갖도록 돕는 것이 필요하다.

상징색깔은 베이지, 상징국가는 독일과 일본, 상징동물은 사슴과 늑대이고 상징인물로는 신사임당, 정치가 안철수 등이 있다.

# 열정가형(7유형)

7유형은 밝다.

이들은 환하게 웃으며 명랑하고 장난기가 있다. 그리고 순진하고 어린아이와 같은 모습이며 매우 날렵하고 민첩하다. 때론 어설픈 모습도 보인다. 인생을 장밋빛으로 보고 매사에 낙천적이고 긍정적이며 미래는 더 좋아질 것이라고 생각한다.

항상 웃고 장난기가 넘치며 활동 지향적이고 새로운 모험을 즐긴다. 웬만한 에너지로는 7번의 활동성에 동참하기가 쉽지 않다.

이들은 새로운 것을 시도하려는 모험정신이 매우 강하다. 또한 본인 스스로 계획하고 이를 실현해 나가는 자발성을 매우 중요하게 생각한다. 즐겁고 밝은 분위기를 만들어 내며 관심 있는 일에는 매우 정열적이고 적극적이며 다양성을 추구한다. 그리고 개방적이고 수용적이다.

새로운 분위기와 업무환경에 가장 잘 적응하며 실제로 전혀 경험해보지 못한 새로운 환경일 때 이를 더 선호한다.

직장을 비교적 자주 바꾸는 젊은이가 있었다. 그런데 새로운 직장에 가도 새로운 문화에 힘들어하기는커녕 금방 적응하며 오히려 새로움을 즐겼다. 7유형의 놀라운 적응력이 아닐 수 없다.

이들은 뇌와 신체와의 조정능력이 탁월하여 모든 것을 쉽게 배우기 때문에 다재다능하여 팔방미인이 된다. 팔방미인인 7유형들이라 이들은 무엇이든 잘하는 맥가이버다.

발상력과 두뇌회전능력도 탁월하여 다양한 아이디어가 분출된다. 그러나 아이디어가 많지만 노력을 많이 하지는 않는다. 적은 노력으로 순발력 있게 집중하여 쉽게 일을 해내는 감각이 있다. 또한 복잡한 것을 단순하게 만드는 능력이 있다.

한편 사소한 일로 괴로워하지 않으며 스트레스를 받아도 곧 잊어버린다.


필자의 딸도 7유형인데 어릴 때 야단을 맞아도 그때뿐, 돌아서면 룰루랄라였다.

존재의 순수한 기쁨을 알며 인생을 하나의 선물로써 체험하고 누릴 줄 아는 7유형의 특성은 하나의 축복이다.

인생을 숙제로 사는 사람들이 얼마나 많은가!

7유형들에게 인생은 숙제가 아닌 축제이다.

이들은 여유 있고 느긋하며 즉흥적으로 일을 하며 유연하게 대처할 수 있다. 또한 호기심이 무궁무진하여 호기심천국이다. 그리고 여러 가지 계획을 한꺼번에 세우고 이를 동시에 시작할 때 짜릿한

쾌감과 스릴을 맛본다.

모차르트가 7유형인데 작곡을 할 때 악보를 여러 개 펼쳐놓고 한 꺼번에 여러 곡을 작곡했다고 한다. 7유형인 필자의 지인도 여러 가 지 일을 한꺼번에 할 때 오히려 에너지가 난다고 말한다. 다만 시도 한 일을 다 끝내지 못하는 문제가 있으며 이러한 경우에도 당사자는 별로 이를 문제시하지 않는 경우가 많다. 이들에게는 과정이 즐거우 면 괜찮기 때문이다.

반면 쉽게 싫증이 나고 지루한 것을 못 참고 빨리 새것을 찾게 되 며 인내심이 없다. 그리고 한 가지를 깊이 있게 파고 들어가 끝까지 해 내는 일이 어렵다. 단 하고 싶은 일은 열심히 한다.


7유형들은 성인이 되어 사회적으로 어느 정도 재력과 지위가 있 어야 고생을 하지 않겠다는 생각을 하게 되면 일을 열심히 하게 된 다. 이들은 책임을 지지 않으려 하며 이에 대해 합리화하는 성향이 있다.

7유형의 어느 분에게 책임지는 일이 왜 그렇게 어렵냐고 묻자, 잠 시 생각하더니 책임을 지게 되면 한자리에 머물러야 되고 그러면 세 상의 재미있는 많은 일을 경험할 수 없지 않겠냐고 대답하였다.

이들은 어렸을 때 어두움을 무서워하고 신체적인 고통을 두려워 하여 예방접종 등을 기피한다. 정신적인 고통도 두려워하여 이를 자 동으로 거부하거나 회피하게 된다.

이들은 고통 속에 아예 들어가지를 않는다.

장성한 20대의 자녀를 병으로 잃은 필자의 대학원 학우는 여름방학 때 그 일을 겪었다. 그리고 한 달 뒤인 가을학기에 등록하여 아무 일도 없었다는 듯 학교를 다녔다. 수업 중에 간간히 웃기도 하면서 말이다.

나는 그런 그녀를 보면서 고통을 기피하는 7유형이란 것을 알 수 있었다. 그렇다고 그 고통이 없어진 것은 아니었다. 졸업 후 다시 만났을 때 그녀는 너무 힘들어서 밤마다 눈물로 베개를 적신다고 했기 때문이다.

고통이 없어서라기보다는 단지 고통스러운 상황일 때 합리화를 하면서 고통 속에 들어가지 않으려고 하는 것이다.

사람이 고통을 통하여 성숙해진다고 본다면 7유형은 고통을 기피하기보다는 고통을 끌어안고 견뎌낼 필요가 있다.

이들은 일 대 일보다 여러 명의 친구들과 떠들썩하게 어울리며 재미있게 노는 것을 좋아하고 인기가 많다. 그리고 농담, 유머, 위트, 혹은 재주로 주위 사람들을 즐겁게 한다. 또한 언변에 능하고 둘러대기도 잘하며 사람 간의 심리적 거리가 없다. 2유형은 사람 간의 심리적 거리가 아주 가깝다면 7유형은 심리적 거리가 아예 없다. 어떤 사람이라도 몇 년 된 지기처럼 대할 수 있다.

7유형인 필자의 딸은 아장아장 걸어 다닐 때부터 가족소풍이라도 가면 그곳에서 만난 그 또래의 아기에게 다가가 옹알이로 말을 걸었다. 그 모습이 참 깜찍했다. 그리고 좀 커서도 처음 본 어떤 사람이라도 아무런 거리낌 없이 대하였다. 사람 간의 심리적 거리가 없는 것이다.

그러나 감정적으로 얽히는 것은 원하지 않는다. 이들은 다른 사람에 대한 감정적 배려가 약할 수 있고 변덕스러울 수 있다. 또한 자아도취적인 성향이 있어 "나는 이만하면 됐어."라고 그만두어 버리거나 다른 사람이 자기를 위해 존재한다고 느끼기 때문에 다른 사람에게 쉽게 시킬 수도 있다. 그러나 억누르거나 강요하면 반항한다. 심각한 이야기나 부정적인 이야기를 할 때는 이미 듣고 있지 않다.

그리하여 야단맞을 때는 풀이 죽어도 금방 잊어버린다. 또한 상대방의 적개심을 완화시키는 놀라운 능력이 있다. 충고를 잘 듣지 않고 웃음으로 도피하거나 꾀나 술책 등 딴전을 피울 수도 있다.

7유형의 독특한 웃음을 신경증적 혹은 작위적 웃음이라고 한다.


7유형들은 분주하게 많은 계획을 세우고 바쁘게 삶을 만들어 가는 것을 통해 자신의 내면세계의 불안을 회피한다. 그러다 보니 피상적으로 살게 되어 자신의 내면에서 진정 원하는 것이 무엇인지 모르게 된다. 또한 문제에 직면하는 일이 어렵고, 귀찮은 일은 회피하거나 방임하는 성향이 있다. 그리고 불리한 상황에 처하면 합리화를 너무나 잘한다.

여우가 손이 닿지 않아서 포도를 따먹을 수 없게 되자 '저 포도는 시어서 못 먹어!'라고 합리화한다. 이 이솝우화가 7유형의 합리화를 잘 설명해준다.

합리화는 적응을 위해 필요하기도 하지만 7유형은 지나친 합리화로 인해 직면해야 할 때 직면하지 않고 빠져 나간다는 것이 문제다.

이들은 다른 사람들과 대화할 때 말하는 것은 즐기지만 듣는 것은 매우 어려워한다. 또한 한군데에 가만히 있지 못하고 부산하며 즉흥적이고 충동적이다. 어린아이 때 이런 모습은 한참 유행하던 ADHD로 보일 수도 있다.

7유형들은 자유로운 삶을 매우 중요시하고 자립심이 강하며 독창성이 있다. 또한 자기중심성이 있어 자기 자신이 즐거운 것이 매우 중요하다. 되도록 많은 것을 가지려고 하며 자신의 태도를 확실히 주장하고 원하는 것은 어떻게든 얻어내려고 한다. 식도락가인 이들은 배가 고프면 짜증을 낸다. 여행을 무척 즐기며 쇼핑, 오락을 좋아한다.

한편 말초적인 쾌락을 만족시키는 것을 좋아하며 이에 탐닉하여 중독이 될 수 있는 성향이 있다. 가지고 있는 것에 만족하지 못하고 다른 사람이 지닌 것을 선망하기도 하고 늙음에 대해 추하다고 생각하여 피부 관리, 약물 등 젊게 살기 위해 노력하기도 한다. 그리고 죽음에 대한 두려움이 있다.

7유형들은 고통을 피하지 않고 받아들일 필요가 있다. 또한 시간을 가지고 끈기 있게 기다리는 법을 배워야 한다.


7유형들과 잘 지내는 방법은 이들과는 함께 재미있는 활동을 하면서 흥미로운 대화를 하는 게 좋다.

이들은 늘 새로운 것을 추구하고 자발적이며 낙천적이다. 그러한 점을 높이 사면서 똑같은 일상에 그들을 묶어두지 않도록 한다.

7유형이 배우자일 경우 '같이 또 따로'의 정신이 필요하다. 즉 모든 것을 같이 하려 하지 말고 당신 스스로가 좋아하는 것을 개발하자. 또 이들은 때로는 지나치게 무례하거나 자신의 방식대로 일을 밀어붙이기도 한다. 그럴 때는 한 걸음 물러서서 떨어져 있는 게 좋다.

7유형을 도울 수 있는 방법으로는 그들의 감정을 직면하도록 도와야 한다. 특별히 긍정적인 감정뿐만 아니라 모든 감정의 스펙트럼을 경험할 수 있도록 돕는다. 그리고 어떤 일을 시작하면 끝까지 밀고 나갈 수 있도록 돕는다.

7유형은 끈기 있게 일을 하여 결과를 도출하는 게 필요하다. 과정이 재미있으면 결과가 없어도 괜찮다는 것이 7유형의 생각이기 때문이다.

규칙적으로 운동하는 것은 7유형 역시 바람직하다.

상징색깔은 녹색, 상징국가는 브라질, 상징동물은 나비이다.

나비는 애벌레 때 막을 찢고 나와야 된다. 이 시간이 애벌레에게는 무척 고통스러운 시간이다. 그 고통을 덜어주느라고 외부에서 막을 찢어주면 쉽게 나와서 나비가 될 수는 있지만 날지는 못한다고 한다.

이렇듯 7유형은 고통을 통해 성숙해질 수 있다고 하여 상징동물이 나비이다. 또한 원숭이도 상징 동물이다. 원숭이는 나무와 나무 사이를 뛰어다니면서 땅에 발을 딛지 않기 때문에 현실에서 붕 떠

있는 7유형과 닮았다는 것이다.

상징인물은 스티븐 스필버그, 스티븐 잡스, 짐 캐리 등이 있다.

# 도전자형(8유형)

8유형은 굵직굵직하게 생겼으며 근육질의 활달하고 힘이 넘치고 자신감이 있어 보이며 무섭고 엄격한 모습이다. 특히 눈에서 광채가 나고 매섭고 강렬하다.

많은 8유형들은 외모만 보아도 8유형인 것을 짐작케 한다.

이들은 이 세상을 양육강식의 장으로 보고 강한 자만이 살아남는 다는 의식을 가지고 있으며 자신은 자신만이 보호할 수 있다고 믿는 다. 그리하여 삶에 대해 통제와 지배욕구가 매우 강하기 때문에 공 격성향이 있다. 약한 부분을 보이면 남이 날 먼저 공격할 것이라고 생각하여 강하게 자신을 무장하고 선제공격을 하려는 성향이 있다. 그러나 믿는 사람에게는 어린아이 같은 순수한 모습을 보인다.

정의와 진리를 추구하는 이들은 집단 내에서 지도자의 역할을 하 며 통솔력이 있다. 모든 일에 에너지가 넘치고 도전과 스릴을 좋아 하고 대담한 행동을 한다. 또한 통이 크고 당당하고 단호하며 자신 만만하고 결단력이 있다.

8유형들은 겁이 없으며 고집스럽고 싸움도 쉽게 한다. 따라서 8유형과는 가급적 싸움을 시작하지 않는 것이 좋다. 싸우기 시작하면 하나님과도 싸운다는 사람들이다. 오히려 내면의 부드러운 어린아이 같은 면과 접촉하는 것이 좋다.

이들은 일을 시작하면 놀라운 속도로 밀어붙이며 책임감이 강하고 추진력이 엄청나다. 일단 일을 시작하면 어떠한 제약도 아랑곳하지 않고 추진하며 일이 잘못되어도 후회를 별로 하지 않는다.

이들은 삶을 열정적으로 사랑하는 사람들이며 위험이나 고통을 무서워하거나 두려워하지 않고 영웅적으로 맞선다. 난세에 영웅들은 대개 8유형들이다.

이러한 8유형들은 다른 사람에게 깊은 신뢰를 주며 이웃의 재능을 찾아 이를 발현시켜주는 힘이 있다.

한편 옳고 그름에서 이분법의 사고를 가지고 있고 명확한 것을 선호한다. 비굴한 사람을 보면 분개하며 불의를 참지 못하고 어떠한 방법으로든 응징하려고 한다.

8유형의 지인은 길을 가다가도 뭔가 잘못된 것을 보면 그냥 지나치지 않고 반드시 개입하여 잘못된 것을 지적하고 응징하곤 했다.

'잘못한 사람은 벌을 받아야 한다.'라는 생각을 가지고 있으며 자신이 정의의 심판자이고 정의의 집행자라고 생각한다. 따라서 응징과 보복이 당연한 것이라 생각하기 때문에 테러리즘과 같은 과격한 일을 자행할 수 있다. 더불어 자신이 옳다고 생각하는 대의명분이 있으면 이를 위해 목숨까지도 바칠 수 있는 사람들이다.

어디를 가도 주도권을 쥐고 과격하리만치 자기 뜻대로 밀어붙이고 싶어 하는 이들 8유형들은 권력구도 파악이 쉬우며 자신의 강한 힘을 발휘할 수 있는 위치를 확보하는 능력이 탁월하다.

어느 집단에서나 8유형들은 리더와 겨루어 리더가 자신보다 한 수 위이면 깨끗이 승복하지만 그렇지 않으면 자신이 리더의 자리에 도전하려 한다.

한 지인은 8유형의 조직원이 매사에 자신에게 도전하여 불편한 심경을 감추지 못했다. 자신이 리더인데 8유형의 조직원이 자신을 제쳐두고 리더 역할을 하려 한다는 것이다.

이들은 자신의 힘이나 능력의 한계에 스스로 도전하는 것을 즐기며 다른 사람의 한계도 시험해 본다. 이러한 성향은 리더와 갈등을 일으킬 수 있어서 8유형들은 남의 수하에 들어가기가 쉽지 않다.

이러한 자신의 성향을 잘 파악한 저자의 8유형인 한 동료는 어느 모임에서나 리더로 나서기보다는 조직원으로 있을 수 있는 힘(!)을 훈련하는 것을 보았다. 자신을 잘 파악한 지혜로운 생각이다. 어느 조직에서나 리더로 나설 수는 없기 때문이다. 그러나 강력한 사람, 자기보다 한 수 위인 사람에게는 경의를 표하고 그 밑에서 충성할 수 있다. 그들은 강력하고 당당한 사람들과의 우정관계를 원하며 그 속에서 신뢰관계가 성립되면 자신을 열어 보이기도 한다. 그리고 보스 기질이 있어서 주위의 사람, 특히 자신을 따르는 사람들에게 잘 해주고 잘 보살펴준다. 또한 약자를 대변해 준다.

8유형들은 순간적인 직관에 의한 판단이 빠르며 이를 믿고 곧 적극적으로 실천하는 행동가이다. 따라서 때로는 깊이 숙고함이 없이 충동적으로 행동하기도 한다.

이들은 독립심이 강하고 자존심이 강해 앞에서 얘기했듯 남에게 예속되거나 복종하는 것을 싫어한다. 남에게 예속되고 싶지 않기 때문에 오히려 고압적이고 거만하게 굴 수도 있다. 어려서도 일찍이 독립심이 나타나서 어리광을 부리는 일이 없이 씩씩하며 잘못한 경우에도 결코 사과하지 않고 버티는 성향이 있다.

호전적이고 호탕한 이들은 싸움을 장난처럼 즐기는 사람들이다. 또한 강한 체력을 타고났으며 체격 자체도 건장하다. 그리고 대부분 힘이 세고 목소리도 크며 힘이 있다.

이들은 다른 사람의 말이나 의견에는 주의를 별로 기울이지 않으며 혼자 말하는 편이다. 더불어 자기주장이 매우 강하고 그 주장대로 밀어붙이려는 성향이 있다.

허약하거나 무력함을 경멸하기 때문에 자신의 이러한 모습을 부인하거나 숨기게 되며, 여린 감정 자체를 부정한다. 따라서 자신의 내면세계를 성찰하려 하지 않는다. 또한 자신이 허약하거나 무력하면 다른 사람의 공격의 대상이 될 것이라 생각하기 때문에 겉으로 아주 강한 보호막을 만들어 자신을 보호하려고 한다. 그러나 내면에 순수한 어린아이가 있다. 하지만 본인들은 이를 인식하거나 인정하려 하지는 않는다. 이들은 허약함이나 무력함은 경멸하지만 어린아이나 약한 사람들을 만나게 되면 자신도 모르게 보호하려는 보호본능이 나타난다.

이들은 순수하고 솔직하고 가식이 없으며 화끈하지만, 직선적이어서 다른 사람들이 상처를 받는다. 그러나 이에 대해 잘 모르고 또 아랑곳하지 않는다. 다른 사람의 감정이나 의견을 무시하고 겁을 주는 경향이 있다.

8유형들은 예의범절을 별로 중요하게 생각하지 않는다.

8유형의 한 젊은이는 자신은 예의가 없다고 전제하면서 좋아하는 할머니에게도 할멈이라고 부른다고 하였다. 또한 다른 사람의 존엄성도 존중해주지 않는다. 그러나 자기 주관이 뚜렷하고 저항할 줄 아는 사람은 존중한다.

이들은 주위 사람을 통제하려 하며 권력을 쥐고 흔들려고 한다. 시간조차도 통제하고 싶어서 일찍 온다. 이들은 상황을 통제하기 위해 많은 정보들을 수집하고 알고 있으려고 한다.

다른 사람들에게는 규칙을 지킬 것을 강조하지만 자신은 그 규칙을 깸으로써 규칙조차도 자기 마음대로 할 수 있다는 것에 대해 희열을 느낀다.

이들은 힘을 갖는 것을 원하고 그 세력을 유지하고 확장하고 싶어한다. 그리고 소유욕이 매우 강하며 자기 휘하에 있는 사람들의 맹목적인 헌신을 요구한다.

한편 다른 사람의 약점과 급소를 쉽게 간파하여 필요시 공격한다. 반면에 자신에 대해서는 장점이 많다고 생각하며 이를 자랑한다. 그리고 자기의 약점을 잘 인정하지 않으며 잘못을 했을 경우에도 사과하지 않는다. 또한 잘못한 일에 대해 죄의식이 없을 수 있다.

    이들 8유형들은 권위 자체를 인정하지 않으며 권위자를 지속적으로 시험한다. 새로운 상황에 들어가면 우선 그곳의 권위자에 대해 저항하고 부정적인 시각으로 본다. 권위자와 어떤 방법으로든 한 판 겨루어 자신보다 한 수 위이면 바로 충성한다. 그리고 비리나 불의 및 허영심 등에 대해 민감하게 알아채며 이를 어떻게 해서든지 응징하려는 성향이 있다. 이렇게 거짓자나 거짓된 이미지를 폭로하는 능력이 강하여, 우수한 정신치료전문가나 영성지도자가 되기도 한다.

    8유형들은 따분한 것을 견디지 못하며 본능적인 쾌락에 탐닉하는 성향이 있다. 놀 때도 화끈하게 논다. 외설스러운 유머나 강하고 격한 표현을 즐겨 쓰면서 힘을 행사하며 틀에 박혀 있지 않은 자신을 자랑스러워한다.

    럭비, 미식축구, 사냥, 투우, 권투 등의 격렬한 스포츠를 좋아하고 모험심이 매우 강하다. 그리고 무리지어 다니며 힘을 행사하는 것을 좋아하고 남들에게 충격을 주는 일을 재미있어 한다. 그리고 마음대로 되지 않을 때 분노나 불쾌감을 노골적으로 표현하고 책임을 전가한다.

    싸우면 싸울수록 점점 더 막무가내로 싸우려 하는 이들 8유형들은 타협이나 조정하는 것이 힘들다.

    8유형들은 친밀감을 잘 표현하지 못하며 부드러운 말이나 감정적인 표현은 하지 않는다. 그 대신 책임을 지는 것으로 애정을 표현한다.

이들은 친밀감을 표현하는 것이 부담스럽기 때문에 때때로 혼자 있는 것도 좋아한다. 애정관계가 어느 정도의 적응과 타협 및 희생을 요구하기 때문에 애정관계를 잘 유지해 가는 것이 쉽지 않다. 또한 이들은 자신과 타인에게 너그럽지 못할 수 있고 마음속 깊은 이야기를 잘 하지 않기 때문에 진정한 친구가 많지 않아 외롭다.

이들은 수수하며 잘 꾸미지 않는다. 여성의 경우 예쁜 옷을 입으려 들지 않는다. 8유형들은 감정을 인정하고 자애로운 마음을 기를 필요가 있다. 믿을만한 사람에게 자신의 문제를 이야기하는 것도 필요하다.

8유형과 잘 지내는 방법을 알아보면 이들은 힘이 넘치고 독립적이다. 그리고 정의감이 투철하다. 이러한 점을 높이 평가하면서 열정적으로 이들과 소통하면 좋다. 이들은 관계 속에서 정직하고 직선적이다. 이러한 면이 거칠게 느껴질 수도 있다. 이들의 이런 태도를 인정하고 개인적인 공격으로 받아들이지 않는 게 좋다.

당신도 당신의 주장을 당당히 밝히고 직선적이 되면 좋다. 이들은 화가 나서 싸우게 되면 끝없이 싸운다. 따라서 이들이 화가 났을 때는 한 걸음 물러나서 화가 가라앉기를 기다린 뒤 8유형의 내면의 어린아이와 같이 부드러운 면과 접촉하자. 그러지 않고 맞대응을 하거나 두려워하면 그들의 분노는 더 증폭된다.

8유형을 돕기 위해서는 자기주장이 강하고 타인과 환경을 통제하고자 하는 욕구가 강한 이들이라 다른 사람의 말을 잘 듣지 않는다. 따라서 이들을 돕기 위해서는 타인의 말도 귀담아 듣도록 일깨워주어야 한다. 또한 보통의 사람들은 대결상황을 그다지 좋아하지 않는다는 것을 알려주는 게 필요하다.

8유형들은 대결을 즐기기 때문이다. 그리고 자신의 약점을 자연스럽게 드러내고 자신의 문제를 당신과 얘기할 수 있도록 도와야 한다.

상징색깔은 흑백, 상징국가는 스페인과 한국, 상징동물은 사자, 상징인물은 정주영, 히딩크, 마틴루터 킹 등이 있다.

# 평화주의자형(9유형)

9유형들은 온순하고 푸근하고 무심하거나 무덤덤해 보이는 표정을 하고 있다.

이들은 분리되는 것을 두려워하기 때문에 모든 유형에 연결되어 있다. 따라서 쉽게 어느 유형으로든 동화되어질 수 있어 어떤 유형의 모습도 가지고 있을 수 있다. 그러다 보니 에니어그램 유형을 찾을 때 가장 찾기 힘든 유형이기도 하다. 마지막까지 유형을 찾지 못하면 9유형이라는 말이 나올 정도이다.

이렇듯 자신의 본질에 대한 정체성을 가지려 하지 않기 때문에 자신의 본질을 찾아가는 데 시간이 오래 걸리게 된다. 또한 어떤 부모 밑에서 성장하였는지에 따라 그 모습이 가장 많이 달라지는 대표적인 유형이다. 즉 주위환경의 영향을 가장 많이 받는 유형이다.

한편 9유형들은 모든 사람과 연결되어야 하기 때문에 이에 집중하다 보니까 자신의 내면과의 연결이 끊어지게 되며 따라서 자신이 무엇을 원하는지 잘 모른다. 그러나 명상에 탁월한 재능이 있어 마음만 먹으면 우주와 일체감을 경험할 수 있고 자신내면의 존재의 근원에 이를 수 있다.

9유형들은 원초적이며 때 묻지 않은 순수한 인간의 본질을 갖고 있다.

이들은 겸허하고 사심이나 야망이 없는 사람들이며 매우 착한 사람들이다. 자신이 착한 사람이라는 것조차 모른다. 이해심이 많고 너그럽고 온순하고 따뜻하며 포용력이 커서 이웃을 평안하게 해준다.

세상살이에 지친 사람들이 9번의 어깨에 기대어 위로받고 쉴 수 있다. 편견 없이 남을 받아들이고 무장해제를 한 모습이기 때문에 사람들이 이해받고 인정받는다고 느껴 설명할 수 없는 평안감을 느낀다.

초여름 어느 날, 시원한 강가에 나가 그늘에 돗자리라도 펴고 앉아 있어 본 적이 있는가? 무엇이라고 꼭 집어 말할 수 없는 안정감과 평안함을 느끼며 긴장해있 던 몸과 마음이 스르륵 풀리는 기분이 든다. 9유형이 주는 무언의 에너지가 이렇지 않나 싶다.

또한 타인에 대한 9유형의 수용력, 포용력은 대단히 뛰어나다.

대학 선배이면서 상담사 동료인 9유형 지인은 모든 사람을 잘 포용하였다.

그 모습이 참 좋아보였다. 아주 성숙한 사람으로 느껴졌다.

필자는 그런 성숙한 모습을 보며 '나이를 참 잘 먹었구나, 나이는 저렇게 먹어야지.'라고 생각했다. 그러나 에니어그램을 알고 또 그녀가 9유형이란 것을 알고는 나이와는 상관없는 9유형의 강점임을 알게 되었다.

9유형은 어린아이일지라도 수용적이다. 어린아이가 수용적이니까 그것이 장점으로 보이기보다는 제 밥그릇도 못 찾아먹지 않을까 하는 우려심을 자아내기도 한다. 또한 다른 사람과 쉽게 혼연일체가 된다. 친구들에게 적극적인 애정을 표현하지 않지만 이러한 9유형 주위에 친구가 많다.

이들은 자신의 내면이 혼란스러워지는 것을 싫어하여 문제를 일으키지 않음으로써 평안감을 유지하려 한다. 그리고 모든 사람들과 갈등 없이 조화롭게 잘 지내고 싶어 한다.

자녀양육의 경우에도 갈등을 피하기 위해 훈육을 제대로 못 해 지나치게 허용적이거나 방임적일 수 있다. 갈등상황에 들어가지 않고 자신을 지켜내는 데 엄청난 에너지를 사용하고 있다. 이들은 갈등을 일으키지 않으려고 타인의 기대에 맞추기도 한다.


모든 것이 평화롭기를 원하는 9유형들은 삶의 갈등상황을 어떻게 해서든 피함으로써 수동적인 의미의 마음의 평화를 찾는다.

갈등을 회피하는 것이 심해지면 자기 자신으로도 회피하게 된다. 마음에 은둔처가 있어 힘들면 이리로 도피하여 삶의 밝은 측면에만 초점을 맞추고 스스로 위로하려는 성향이 있다.

이들은 힘든 상황에 들어가면 의식이 무감각하거나 멍한 혼수상태로 빠져버린다. 따라서 가장 움츠러드는 유형이다. 뒤로 물러나 안주하는 것이 최소한의 행복을 지키는 방법이라고 생각한다. 즉 삶에 적극적으로 뛰어 들어 행동하려고 하지 않는다.

이들은 자신의 의견이나 욕구를 주장하는 일이 거의 없고, 일이 되는 대로 내버려두며 의사결정에서 우유부단하다. 결정을 할 때 이들이 쉽게 하지 못하는 이유가 가장 좋은 결정을 내리고 싶어서이다. 앞에서 얘기했듯 갈등이 싫어서 남의 의견에 쉽게 따르고 또 양보를 잘한다. 그러다 보니 다른 사람에게 이용되기 쉽다.

이들은 보통 사람들이 사용하는 방어기제도 별로 사용하지 않기 때문에 에너지 소모가 크다. 그리고 현재 처해 있는 상황이나 가지고 있는 것 자체에 대해 만족해한다. 아울러 별 걱정 없이 항상 편하게 지내고 싶어 하며 문제가 저절로 해결되기를 기다린다. 또 해결이 안 되어도 할 수 없다는 의식을 가지고 있다.

이렇듯 문제를 해결하지 않고 방기하는 성향이 있어 문제를 키우게 된다.

또한 9유형들은 세상을 변화시키려는 마음이 전혀 없다.

이러한 성향은 느긋하고 여유가 있어 좋지만 쉽게 체념하게 되어 수동적인 숙명론자가 되게 한다. 또한 긍정적이긴 하지만 피상적일 수 있다. 이들은 단조롭게 흘러가는 시간이 가장 좋다.


9유형들은 다른 사람의 이야기를 끝까지 잘 경청하며, 포용력이 있다. 명확한 관점을 가지고 있지 않기 때문에 입장을 바꿀 수도 있고 어떠한 관점이든 수용할 수 있다.

필자의 아들은 9유형이다.

어느 날 필자가 여동생과 의견대립이 생겨 티격태격하다가 아들의 의견을 물었다. 아들은 무심한 표정으로 "나는 이모도 옳고 엄마도 옳다고 생각해요. 둘 사이에 별다른 차이가 없어요."라고 한다.

필자가 보기에는 아주 큰 차이가 있어 보이는데 말이다. 이렇듯 공평함에 대한 감각을 가지고 있어 중재자의 역할을 하게 되며 평화와 정의를 위한 헌신적인 투사가 될 수 있다. 그리고 가혹한 진실을 조용하게 사실 그대로 덤덤히 표현하기 때문에 다른 사람들이 그것을 '있는 그대로 받아들이기'가 쉽다.

이런 점은 상담사로서 좋은 자질이 되기도 한다. 이들은 솔직하고 정직한 사람들이다. 수수하며 잘 꾸미지도 않는다.

이들은 가능한 한 책임질 일을 맡지 않으려 하고 너무 많은 에너지를 요하는 일은 피한다. 그래서 모임에서 책임 있는 일이라도 맡기려들면 손사래를 치면서 거절하게 된다.

그리고 9유형들은 잠이 많고 쉽게 피로를 느끼며 아침에 일어나기가 매우 힘들다. 따라서 9유형들은 잠을 충분히 자야 한다.

아들이 고 3일 때는 학교를 갔다 와서 저녁 먹기 전에 몇 시간 자고 일어나 공부했다. 9유형에게는 효율적인 학습태도였지 않나 싶다. 그렇게 해서 원하는 대학에 무난히 합격했기 때문이다.

9유형들은 해야 할 일을 계속 끝까지 미루는 습성이 있다. 그러나 일단 늦게라도 시작하면 열심히 한다. 때로 그 일을 시작하기까지 중요하지 않은 사소한 일에 매달려 있는 경우도 있다. 즉 발동이 걸리기까지 시간이 걸리나 일단 발동이 걸리면 집중해서 해낸다.

9유형들은 타고난 재능이 많다. 그러나 이를 가장 발현시키지 않을 수 있다. 이러한 성향은 같은 출발선상에서 출발했더라도 십수 년이 흐르고 나면 9유형들을 뒤처지게 만들기도 한다.

이들은 모든 일에 꾸물대며 말하고 행동하는 것이 느리다.

9유형의 어린아이들이 느리게 말하면 기다려주어야 한다. 아이는 힘들게 말하고 있기 때문이다.

이들은 변화를 싫어하여 늘 하던 식으로 하며 또한 모든 일을 단순하게 만들고 싶어 한다. 사람들과도 잘 지내지만 집에서 빈둥거리거나 혼자서 아무것도 하지 않는 것도 좋아한다. 그럭저럭 대충 하면서 마음이 편안하게 지낼 수 있다. 그리고 모든 것을 조금씩은 할 수 있지만 탁월하게 잘하지 못하는 경향이 있다. 그러나 분명한 목표가 있으면 정력적으로 추진한다. 어떤 일이건 일단 시작한 일은 인내심을 가지고 중간에서 멈추지 않으려는 타성이 있기 때문이다.

위기상황에서는 오히려 차분하고 뱃심 있게 잘 대처한다. 그리고 자신이 중요한 존재라고 생각하지 않고 자기를 과소평가하며 자기 비하를 하는 성향이 있다. 또한 초점과 결단력이 부족하다.

이들은 강자 옆에서 순응하면서 자신도 가치가 있는 사람이라고 느끼며 만족해한다. 자신이 수고하는 것을 누군가가 알아주었으면 하는 바람도 가지고 있지만 다른 사람들이 이에 대해 잘 알아주지 않아 외롭다.

9유형들은 삶에 대해 적대적인 감정을 가지고 있으며 '이 세상이 자신을 위해 해준 것이 무엇이냐.'라는 생각을 가지고 있어 방관자적인 입장을 취하게 된다.

내면에 강한 저항의식과 세상을 냉소적으로 바라보는 냉소주의가 숨어 있다. 즉 자기 자신과 세상 전체를 거만하게 내려다보는 관점을 가지고 있다. 또한 수동 공격적인 측면을 가지고 있다.

강요하거나 재촉하거나 억압하면 이에 응하지 않고 거세게 무언으로 반항한다. 즉 수동공격성을 드러낸다.

9유형의 초등학생 딸을 둔 한 어머니가 하소연하였다. 엄마로서 아이에게 뭔가를 시키면 아이는 엄마가 자신에게 너무 강요하고 재촉한다고, 즉 푸시한다고 불평을 터트린다는 것이다.

그러나 엄마로서 당연히 이런 것이 필요한데 어떻게 안 할 수가 있느냐는 것이 1유형의 엄마입장이다. 9유형과 1유형 사이에서 충분히 일어날 수 있는 역동이다.

그러니 방법을 바꿀 필요가 있다.

아이에게 한꺼번에 여러 가지를 시키지 않아야 한다. 아이는 그것을 다 기억하지 못한다. 그래서 '아까 엄마가 뭐라고 했더라.' 하다가는 '에이, 모르겠다.' 하고는 가볍게 포기해버린다. 그러다 보면 엄마는 계속 잔소리를 하게 된다. 그러면 아이는 푸시받는다고 느끼며 더 안 하게 된다. 따라서 한 번에 하나씩 목표를 설정해주어야 한다. 그리고 목표를 잘 달성할 수 있도록 여건을 만들어주는 것으로 아이에게 할 일을 가르쳐야 한다. 그러면 아이는 '넵.' 하면서 엄마가 시킨, 자기 일을 잘 해나간다.


　9유형이 소위 '푸시'를 얼마나 싫어하는지 나에게도 하나의 경험이 있다.

　대학원을 다닐 때였다.

　대학원 수업 때 과제물로 상담사례를 낸 적이 있었다.

　교수님은 피드백을 달아서 모두에게 돌려주겠다고 얘기하였다. 그런데 시간이 지나도 돌려주지 않았다. 마침 수련 중인 상담센터에서 다룰 사례가 필요해서 해당 교수님에게 피드백이 적힌 과제물을 돌려주십사 요청하였다.

　교수님은 주겠다며 오후에 연구실로 오라고 하였다. 그래서 연구실로 갔더니 문이 닫혀 있었다. 할 수 없이 연구실 주변에서 좀 기다리기로 했다. 20~30분가량 기다렸는데도 오시지 않아 전화를 했지만 받지 않았다. 그리하여 무척 바쁜 교수님인지라 상황이 있어 잊으셨나 보다 하고 집으로 향했다.

　다음 날 아침 일찍 일정을 시작하기 전에 다시 전화를 내었다.

　출근 중인 교수님은 시간을 정해주며 연구실로 오라고 했다. 다행스럽다 하고 연구실로 갔는데 교수는 과제물을 내주면서 살짝 불만스런 어조로 "푸시를 받는 기분이 든다."고 하였다. 좀 당황스러웠다. 이게 왜 푸시가 되지⋯⋯.

　9유형들은 가장 고집이 세고 완고한 유형이다. 일단 마음먹으면 누구의 말도 듣지 않는다. 귀찮게 잔소리하거나 성급하게 요구하면

꾸물거리거나 심통을 부린다. 말보다는 얼굴표정이나 몸으로 의사를 표현한다. 힘이 들면 계속 잠을 자거나, 책을 읽거나, 텔레비전에 빠져 있다. 혹은 산으로 가서 쉬는 등의 특정 장소로 숨는다. 다른 사람들이 싸우고 있으면 신경을 꺼버린다. 좀체 화를 내지 않지만 화를 내면 무섭게 화를 낸다.

아들 부부가 신혼여행을 끝내고 신혼집으로 들어가서 얼마 되지 않아 아들이 며느리에게 정말 무섭게 화를 냈다고 한다.

바쁜 회사생활 속에서 결혼에 필요한 여러 가지를 준비하랴, 양가 집안 요구사항 조율하랴, 거기다가 신혼여행지 호텔예약이 잘못되어서 낭패를 당하기까지……. 많이 쌓였던 모양이다.

평소 조용하고 민주적이던 아들이 고집스럽게 변하면서 폭발적으로 화를 냈다. 며느리는 무척 당황하였다. 7년간 연애시절 한 번도 본 적이 없었던 모습이었기 때문이다.

며느리는 '속았다!'라는 생각을 하면서 뒤로 물러났다. 그런 뒤 시간이 좀 지나 아들이 다가와 사과하긴 했지만 며느리는 많이 놀랐던 모양이다.


9유형은 다른 사람들의 주의를 끌지 않으며 눈에 띄는 행동을 전혀 하지 않는다. 무엇을 버려야 할지 갈등하기가 싫어 무어든 가지고 있으려 하거나, 아무것이나 다 버린다. 의견을 제시하는 일이 거의 없고 반응이 매우 느려서 어려서 느림보라는 별명이 있다. 그리고 선택을 해야 하는 상황이 되면 이를 힘들어한다.

한번은 9유형의 어느 분과 업무상 미팅을 가진 뒤 간단하게 점심을 먹기 위해 샌드위치 가게를 들어갔다.

필자는 진열대를 한번 쓱 훑어보고는 바로 원하는 샌드위치를 집어 들었다. 그런데 9유형인 그분은 한참을 망설이면서 선택에 주저하였다. 내심 샌드위치 하나 고르면서 무얼 저렇게 힘들어하시나 하면서 자리에 앉았다. 그런데 먹으면서 아! 했다.

나는 두툼한 샌드위치를 입을 있는 대로 벌려서 볼썽사납게 먹는데 그분, 심사숙고 끝에 골라온 얇은 샌드위치를 우아하게 드시는 것이었다. 그러면서 나의 속내를 아는 듯 입가에 가벼운 미소를 띠는 것이다.

이렇듯 9유형은 최고의 선택 혹은 최선의 선택을 위해서 오래 고민한다. 이러한 고민이 싫어서 이들은 다른 사람이 결정해 준 것을 따르는 쪽을 편안해하기도 한다.


9유형은 2유형과 마찬가지로 타인 지향적이다. 다른 사람이 원하는 것을 잘 알고 있어 부탁하면 거절하지 못하고 이를 다 하게 되는 성향이 있다. 그 대신 자신의 필요에 대해서는 잘 모른다. 말하는 것을 힘들어하며 일단 말을 시작하면 쓸데없는 이야기를 길게 늘어놓는 경향이 있다.

그리고 미리 준비하지 않으며 충동적으로 행동하는 성향이 있다. 또한 중독되기 쉬운 성향이다. 아울러 이들은 다른 사람들이 감정적으로 대응하는 상황에서도 태연하고 태평할 수 있어 무관심해 보이고 반응이 부적절해 보인다.

다른 사람을 쉽게 믿지 못하지만 일단 믿게 되면 한결같고 깊은 신뢰관계를 유지하게 된다.

애정관계에서는 일치되고 융합되고 싶은 마음과 동시에 자족하고자 하는 양면성을 가진다. 그러나 일단 사랑의 관계로 들어가면 상대방이 행복해하는 그 메아리를 통해 행복해한다. 반면에 상대방이 부담을 주거나 긴장을 시키거나 기대면 이에 대해서는 싫어한다.

잘 모르는 사람이 칭찬을 해주면 경계하게 되지만 믿는 사람이 칭찬과 격려를 해주면 이를 통해 힘을 많이 얻게 된다.

9유형들은 자신의 가치를 인정하고 확고한 신념으로 목표를 설정할 필요가 있다.

9유형들과 잘 지내기 위해서는 이들은 2유형들처럼 친절하고, 장형이지만 에너지가 부드럽다. 또한 타인에 대한 수용력이 뛰어나다. 이러한 점을 인정하고 표현하자.

9유형은 결정을 할 때 느리고 말을 할 때도 느린 편이다. 이들은 빨리빨리 말하고 행동하는 것보다 느리게 말하고 행동하는 것이 편안하다.

이런 특성을 이해하고 재촉하거나 밀어붙이지 않도록 한다. 또한 어떤 일을 하도록 두어 번 얘기했는데도 하지 않으면 다시 재촉해서는 안 된다. 비난으로 받아들일 수도 있기 때문이다.

뭔가를 부탁할 때는 공손하게 말하고 명령이나 강요하는 투로 말하지 않도록 조심해야 한다.

이들을 돕기 위해서는 9유형들은 앞에서 얘기했듯 갈등을 무엇보다 기피한다. 그래서 다른 사람과의 이견으로 갈등을 겪으니 다른 사람의 의견을 따르는 쪽을 택한다. 그럴 때 다른 사람의 의견을 그저 따르지 않고 자신의 의견이나 욕구를 말할 수 있도록 도와야 한다.

또한 9유형들에게는 목표설정이 매우 중요하다. 일의 우선순위를 정하도록 돕고 목표를 설정하여 그 목표를 추구하도록 하면 9유형을 크게 도울 수 있다.

상징색깔은 황금색, 상징국가는 멕시코, 상징동물은 코끼리, 상징인물은 링컨, 월트디즈니 등이 있다. [4)]

---

4) the EnneaGram 나를 찾아 떠나는 여행, 황애란(미간행)

# 5장

# 화살, 날개 더 알기

4장까지 읽으면서 나는 어떤 사람인지 많이 알게 되고 나 자신과 깊게 만나는 체험도 했으리라 생각한다. 이제 나에 대한 인식을 좀 더 풍부하게 하기 위해서 나의 화살과 날개를 살펴보도록 할 것이다. 에니어그램에서 화살과 날개는 매우 중요하다. 기본유형과 함께 내 성격에 우선적으로 통합되기 때문이다. 앞에서 격정이 2~3개 나오는 이유가 화살과 날개 때문이라고 했다. 이렇게 날개나 화살의 격정이 내 격정으로 느껴질 만큼 날개나 화살의 성격이 내 성격에 쉽게 우선적으로 통합되고 있다. 따라서 이 장에서는 내 기본유형에 쉽게 통합되어 내 성격이 되는 화살과 날개에 대해서 좀 더 상세하게 알아보기로 하자.

**에니어그램 9유형 - 날개와 화살**

# 화살

화살은 앞의 그림에서와 같이 내가 화살을 쏘아주는 유형이 있고 나에게 화살을 쏘아주는 유형이 있다.

1유형은 4유형에게 쏘아주고 1유형에게는 7유형이 쏘아준다. 1유형에게 화살을 쏘아주는 7유형은 1유형의 성숙점(통합점)이다. 반면 1유형이 쏘아주는 4유형은 1유형의 스트레스점(비통합점)이다.

내가 상황이 좋으면 내 유형의 좋은 점이 드러나고 또 더 나아가서 나에게 화살을 쏘아주는 유형의 좋은 점도 드러나는 유형이 나의 성숙점(통합점)이다.

모든 유형은 성숙점의 긍정적인 특성이 통합되어야 견고히 설 수 있다. 성숙점의 긍정적인 특성이 없이는 어떤 유형이라도 건강하게 기능할 수가 없다.

내 유형의 성숙점의 특성이 내 안에 잠재되어 있어서 내 환경이 좋으면 자연스럽게 내 성격이 된다. 어린아이를 예를 들면 아이가 사랑을 많이 받는 순기능적인 가정에서 성장하면 자신의 유형이 발현되면서 자신 안에 있는 자신의 성숙점의 특성도 함께 성격에 통합되어 나간다.

스트레스점은 내가 상황이 나쁘면 나의 나쁜 성격을 사용하고 상황이 더 나쁘면 내가 화살을 쏘아 보내는 유형의 나쁜 점을 사용하는 유형이다.

스트레스점은 성격이 통합될 때 그 유형의 나쁜 점이 먼저 통합된다는 점에서 어려운 점이 있다. 예를 들어 어린아이들이 사랑을 듬뿍 받는 좋은 환경에서 자라면 앞에서 말한 대로 성숙점의 좋은 점이 먼저 통합될 것이고, 학대받는 환경에서 자라면 스트레스점의 나쁜 점이 먼저 통합될 것이다.

성숙점의 좋은 점이 통합되어야 기본유형이 건강하게 바로 설 수 있다고 하였다. 기본유형이 바로 서려면 성숙점의 좋은 점이 반드시 필요한 것이다. 그런데 좋지 않은 환경으로 인하여 성숙점의 좋은 점이 통합될 기회를 얻지 못하면 바로 서지 못한다. 바로서지 못한 상태에서 설상가상으로 스트레스의 나쁜 점까지 통합된다면 성격이 건강하게 기능하기가 어려울 것이다.

각 유형의 성숙점과 스트레스점을 정리해보면 다음과 같다.

| 성숙점 | 기본유형 | 스트레스점 |
|---|---|---|
| 4 | 2번 | 8 |
| 6 | 3번 | 9 |
| 1 | 4번 | 2 |

| 8 |  | 5번 |  | 7 |
| 9 | ← | 6번 | → | 3 |
| 5 |  | 7번 |  | 1 |
| 2 |  | 8번 |  | 5 |
| 3 | ← | 9번 | → | 6 |
| 7 |  | 1번 |  | 4 |

**에니어그램 유형별 성숙점과 스트레스점**

이제 각 유형이 성숙점으로 향할 때와 스트레스점으로 향할 때 어떻게 달라지는지 간략히 살펴보자.

1유형이 성숙방향인 7유형을 향하게 되면 7유형의 긍정적인 모습으로 발전하여 작은 일에도 기뻐하고 일 중독으로부터 자유로워지며 여가를 즐기게 된다. 또한 자기를 수용하고 열정적이 된다. 그러나 스트레스 방향인 4유형을 향하게 되면 4번 유형의 부정적인 모습으로 퇴화하여 자신에 대한 불만은 높아지고 자존감은 낮아진다. 그리고 우울해하고 무력감, 절망감을 느낀다.

2유형이 성숙방향인 4유형을 향하게 되면 4유형의 긍정적인 모습으로 발전하여 자신의 감정과 욕구를 표현하게 된다. 그리고 자신을 위한 활동을 하며 자신의 내부세계를 탐색하기도 한다. 또한 홀로 있는 고독도 즐긴다.

반면 스트레스 방향인 8유형을 향하게 되면 8번 유형의 부정적인 모습으로 퇴화하여 경쟁적이 되고 뭔가를 자꾸 챙겨주려고 하며 신경질적, 공격적이 된다. 그리고 남을 지배하려고 하며 요구와 비난을 서슴지 않는다. 의심과 고립에 빠져들기도 한다.

3유형이 성숙방향인 6유형을 향하게 되면 6유형의 긍정적인 모습으로 발전하여 타인에게 충실하며 협력적이 된다. 그리고 타인의 감정을 배려하며 가족, 친구, 집단을 중시하게 된다. 또한 손익계산이 없는 이타적 행동을 한다. 그러나 스트레스 방향인 9유형으로 향하게 되면 9유형의 부정적인 모습으로 퇴화하여 우유부단해지고 게으름을 피우며 고집을 부리며 괜히 부산스러워진다.

4유형이 성숙방향인 1유형을 향하게 되면 1유형의 긍정적인 모습으로 발전하여 긍정적인 면을 강조하고 객관적이고 논리적이 된다. 그리고 이상과 원칙을 중시하며 현실적이고 실질적이 된다. 반면 스트레스 방향인 2유형으로 향하게 되면 2유형의 부정적인 모습으로 퇴화하여 자기중심적이 되어 타인을 조작하고 과도한 의존을 하며 자신의 욕구를 부정한다.

5유형이 성숙방향인 8유형을 향하게 되면 8유형의 긍정적인 모습으로 발전하여 자신감 있고 현실을 직면하며 자발적 행동을 하며 자신을 신뢰한다. 그러나 스트레스 방향인 7유형으로 향하게 되면 7유형의 부정적인 모습으로 퇴화하여 자꾸 새로운 계획을 세우고 충동적이며 비현실적이 된다. 또한 수다스러우며 주의가 산만하고 잡다

한 행동을 하게 된다.

6유형이 성숙방향인 9유형을 향하게 되면 9유형의 긍정적인 모습으로 발전하여 다양한 관점에서 바라보고 동정심이 많으며 넓은 마음을 가지며 자신을 신뢰하게 된다. 그러나 스트레스 방향인 3유형으로 향하게 되면 3유형의 부정적인 모습으로 퇴화하여 분주한 행동과 생각을 하며 사람들과 거리를 둔다.

7유형이 성숙방향인 5유형을 향하게 되면 5유형의 긍정적인 모습으로 발전하여 집중력이 높아지고 진지한 마음이 되며 현실감을 가지고 행복과 불행을 수용하게 된다. 또한 침착하고 객관적이 된다. 한편 스트레스 방향인 1유형을 향하게 되면 1유형의 부정적인 모습으로 퇴화하여 비판적이고 냉소적이 되어 빈정거리고 현실을 외면하며 책임을 전가한다.

8유형이 성숙방향인 2유형을 향하게 되면 2유형의 긍정적인 모습으로 발전하여 자기를 개방하고 부드러워지며 타인의 감정을 고려하며 타인에 대한 기대를 가진다. 반면 스트레스 방향인 5유형을 향하게 되면 5유형의 부정적인 모습으로 퇴화하여 타인을 거부하고 의기소침해진다. 또한 자기 자신을 공격하고 자신의 감정을 무시한다.

9유형이 성숙방향인 3유형을 향하게 되면 3유형의 긍정적인 모습으로 발전하여 목적의식을 갖고 생산적이 된다. 그리고 정력적이 되고 자신을 잘 통제하여 느긋한 자신감을 갖는다. 그러나 스트레스 방향인 6유형으로 향하게 되면 6유형의 부정적인 모습으로 퇴화하여 사소한 것에 신경을 쓰며 걱정과 근심에 사로잡히고 자신을 의심하며 수동적이고 나태해지며 갈등상황을 만들어 자신을 힘들게 한다.

이렇듯 모든 유형들은 자신의 성숙방향으로 향할 때, 즉 성숙점이 통합될 때 그 유형이 갖는 한계를 극복하고 가장 자기 효능적이 된다. 그리고 주어진 환경에 잘 대처하며 편안할 수 있다. 또한 자아실현 곧 나다움을 이루어나갈 수가 있다. (성숙점 방향에 대해서는 8장에서 좀 더 상세하게 논의할 것이다.)[5]

---

5) the EnneaGram 나를 찾아 떠나는 여행, 황애란(미간행) 참조.

# 날개

　날개란 163쪽의 에니어그램 원주에서 볼 때 각 유형의 양옆에 있는 번호이다. 순수하게 한 유형의 성격만 가진 사람은 없다. 누구나 에니어그램 원주에 있는 두 유형의 혼합이다.

　태어나서 제일 먼저 내 성격에 통합되는 것이 나의 유형이고 다음으로 날개가 통합된다. 기본유형 양옆의 번호가 모두 날개이지만 우세날개가 있다.

　우세날개란 양 옆에 있는 두 날개 중에서 주로 사용하는 날개를 말한다. 예를 들어 기본유형이 1번이면 2번과 9번이 날개가 된다. 이 중에서 이 사람이 2번 날개를 주로 사용하면 2번이 우세날개(1w2)가 된다. 만약 9번 날개를 많이 사용한다면 우세날개는 9번(1w9)이 될 것이다.

　어느 날개를 사용하느냐 즉 어느 날개가 우세날개인가에 따라 같은 유형이라 할지라도 성격적 특성이 많이 달라진다.

　한편 같은 유형에 같은 우세날개를 가진 사람들이라 할지라도 개인마다 날개의 크기는 많이 다르다. 크기에 따라 큰 날개, 보통의 날개, 작은 날개로 나누어볼 수 있다. 따라서 나 자신을 보다 정확하게 이해하려면 나의 우세날개가 어느 것인지 파악하고 더 나아가서 내 날개의 크기를 알 필요가 있다. 그러나 내 날개의 정확한 크기를 객관적으로 측정하는 것은 어렵다. 그럼에도 불구하고 자신을 곰곰이 관찰해보면 내 날개의 크기를 개략적으로 추측하는 것은 가능하다. 나의 우세날개가 큰 날개인지, 보통의 날개인지, 작은 날개인지 말이다. 우세날개 쪽 성격이 어느 정도 통합되었는지가 날개의 크기를 말해주기 때문이다.

어떤 사람이 기본유형의 성격에 우세날개의 성격이 아주 많이 통합되어 있다면 큰 날개를 가졌다고 말할 수 있다. 그럴 경우 나의 기본유형만큼이나 우세날개의 성격이 강하게 드러난다.

기본유형이 전체 성격에 뚜렷하게 나타나고 우세날개 성격이 어느 정도 나타나면 보통의 날개를 가졌다고 말할 수 있다.

그리고 기본유형이 전체 성격에 압도적으로 나타나서 날개를 무시할 정도라면 작은 날개를 가졌다고 말할 수 있다.

필자는 4유형으로 날개가 3번과 5번 유형이 되는데 우세날개는 5번이다. 그런데 날개가 커서 5유형의 성격적 특성이 강하게 나타난다.

20대 시절에는 4유형의 특성과 5유형의 특성, 여기에 성숙점인 1유형의 특성을 버무려놓으면 필자의 성격이 된다. 짐작컨대 기본유형 내 날개의 비율이 55:45는 되는 것 같다. 큰 날개를 가진 것이다.

기본유형은 전체 성격의 51% 이상 되어야 한다. 그러나 기본유형과 날개의 비율이 50:50으로 비슷한 경우도 있다. 이런 경우 어느 쪽이 날개이고 어느 쪽이 기본유형인지 혼란스럽다. 기본유형과 날개의 비율이 거의 50:50으로 비슷한 경우에는 스트레스 상황에서 자신을 관찰함으로써 기본유형을 결정할 수 있다. 예를 들어 4w5인지 5w4인지가 혼란스럽다면 스트레스 상황에서 보통의 2번처럼 행동하면 4번이 되고 보통의 7번처럼 행동하면 5번이 될 것이다.

각 성격유형에 성숙의 방향과 스트레스의 방향이 있듯이 그 유형의 날개에도 성숙과 스트레스의 방향이 있다. 5번 날개를 가진 6번 유형의 예를 들어보자.

기본유형인 6번 유형의 성숙방향은 9번이고 스트레스 방향은 3번이다.

이와 같이 날개인 5번의 성숙방향은 8번이고 스트레스의 방향은 7번이다.

기본성격유형과 날개 모두 각각의 성숙방향과 스트레스 방향으로 움직인다는 것을 알 필요가 있다. 성숙과 스트레스 방향으로 움직인다는 것은 그쪽 성격이 쉽게 드러난다는 말이다.

필자와 마찬가지로 5번 날개를 우세날개로 사용하는 4유형의 한 지인이 있다.

그는 심한 스트레스 상황이 되면 평소 강인하고 독립적인 자신이 완전 다른 사람이 되어 아주 의존적이고 매사에 수다스러워진다고 했다. 그는 그런 자신을 이해하기 어려웠는데 에니어그램을 알고 자신을 이해했다고 토로한다.

그는 스트레스 상황에서는 사람들에게 먼저 다가가며 의존적이 되고 자신의 욕구를 부정하는 모습(4유형이 2유형의 부정적인 모습으로 퇴화)을 보인다. 동시에 또 수다스러워지고 자꾸 새로운 계획을 세우며 충동적이 되고 잡다한 행동(5유형이 7유형의 부정적인 모습으로 퇴화)을 한다. 기본유형과 날개 모두 스트레스 방향으로 움직인 것이다.

그가 긍정적인 모습으로 발전한다면 1유형의 긍정적인 모습과 8 유형의 긍정적인 모습을 통합해야 할 것이다. 즉 현실적이고 실질적이 되어 이상과 원칙을 중시하고(4유형이 1유형의 긍정적인 모습으로 발전) 자신을 신뢰하고 현실을 직면하며 자신감을 가진 모습(5유형이 8유형의 긍정적인 모습으로 발전)이 될 것이다. 이렇듯 날개 역시 스트레스점과 성숙점으로 움직인다.[6]

그러면 각 유형의 우세날개가 다를 때 어떤 모습인지 살펴보자.

8유형의 날개는 7번과 9번이다.

8w7은 카리스마가 있고 행동중심적이며 가장 독립적인 유형이다. 8w9는 보다 차분하고 따뜻하며 조화를 중요시하며 느긋한 모습을 보인다.

9유형의 날개는 8번과 1번이다.

6) "에니어그램 성격유형" 돈 리처드 리소, 러스 허드슨 공저, 윤운성 외 공역, 학지사, 2010

9w8은 강력하면서도 온화하며 사람들 간의 갈등을 중재하는 능력이 있다. 9w1은 상상력이 풍부하고 창조적이다. 그리고 판단 없이 경청하는 능력을 가지고 있다.

1유형의 날개는 9번과 2번이다.

1w9는 1w2에 비해 반응이 덜 빠르고 이완되어 있으며 자연을 즐긴다. 그리고 현명하며 정중하다. 1w2는 보다 사랑이 많고 사교적이며 다른 사람들에 대한 공감능력이 있다.

2유형의 날개는 1번과 3번이다.

2w1은 일에 헌신적이며 1유형의 도덕성과 2유형의 공감능력이 결합되어 나타난다. 2w3은 사람들의 중심에 있으려 하며 상황에 맞는 다양한 모습을 연출해 냄으로써 환경에 잘 적응한다.

3유형의 날개는 2번과 4번이다.

3w2는 보다 공감을 잘하고 즉흥적이다. 활달하고 활력이 있어서 7번과 유사해 보인다. 그리고 다른 사람을 돕는 일을 추구한다. 3w4는 예술에 관심이 많고 자신이 하는 일에서 출중하기를 원한다.

4번의 날개는 3번과 5번이다.

4w3은 4w5보다 에너지가 많고 세련되며 외적인 인정을 받을 수 있는 일을 추구한다. 4w5는 아주 독창적인 성향이 있고 보다 더 개인적이고 분석적이며 내향적이다.

5유형의 날개는 4번과 6번이다.

5w4는 좀 더 감정적이고 내적 통찰력이 있으며 창조적이다. 5w6은 5w4보다 더 사람들에게 협조적이고 규율을 잘 지키며 꾸준하다.

6유형의 날개는 5번과 7번이다.

6w5는 좀 더 내면으로 향해 있고 정보수집에 대해 관심이 많으며 집중력이 좋다. 6w7은 보다 더 쾌활하고 여러 가지 일에 관여하며 모험심이 많다.

7유형의 날개는 6번과 8번이다.

7w6은 7w8보다 호기심이 많고 창조적이며 뛰어난 유머감각을 가지고 있고 긍정적이다. 7w8은 현실적이고 실제적이며 의지력이 강하다.


이렇듯 어느 쪽 날개를 우세날개로 사용하느냐에 따라서 특성이 많이 달라진다. 그래서 에니어그램 유형을 9가지가 아니라 18가지로 보아야 한다는 주장이 있다. 우세날개가 있는 것은 사실이지만 그러나 삶 속에서 어떤 계기를 만나면 우세날개가 아닌 다른 쪽 날개도 펼쳐질 수 있고 펼쳐지는 것이 바람직하다. 그러면 능력이 보다 확장된다.

적어도 50대에는 우세날개가 아닌 다른 쪽 날개도 펼쳐져서 양쪽 날개를 다 사용하는 것이 자연스럽다. 또한 어린아이일 경우 어린 시절부터 적절한 자극을 주어 양쪽 날개를 다 사용할 수 있도록 도와줄 필요가 있다.

# 성숙수준 알기

　에니어그램을 알고 나면 에니어그램의 같은 유형인데도 아주 다른 느낌을 받을 수 있다. 이것은 개인 간 성숙수준이 다르기 때문이다.

　에니어그램 각 유형들은 9단계의 성숙수준을 갖는다.

　건강한 수준(수준 1,2,3), 평균수준(수준 4,5,6), 불건강한 수준(수준 7,8,9)이다. 한 단계에서 다음 단계로 올라가는 것은 쉽지 않다. 그리고 성숙수준에 따라 같은 유형일지라도 크게 다른 모습을 가지게 된다. 각 유형별로 9단계를 살펴보면 다음과 같다.

### 각 수준의 특성

● 건강한 수준들

　1수준(해방의 수준): 각 유형의 가장 건강한 수준으로 본질인 에센스의 단계이다. 이 수준에서는 심리적으로 균형이 잡히고 자아(에고)에서 자유로워진다. 그리고 특별한 영적 능력과 그 유형특유의 미덕이 나타난다. 그 유형의 정수를 모은 특성들이 반영된 이상적인 상태라고 볼 수 있다.

2수준(심리적 수용의 수준): 건강하지만 여전히 자아(에고)가 나타난다. 자아로부터 완전히 자유롭지는 못한 것이다. 이 수준에서는 어린 시절에 경험한 기본적인 불안에 대응하는 자기방어가 나타난다. 또한 어린 시절 부모와의 관계 속에서 파생된 가장 깊은 두려움과 욕구가 나타난다. 그리고 자기감과 그 유형의 인지 스타일이 드러난다.

3수준(사회적 가치의 수준): 여전히 건강하지만 조금 덜 건강하다. 자아가 좀 더 활동적이 됨으로써 특징적인 외적 인격이 만들어진다. 그러나 타인과 사회에 발휘되는 건강한 사회적 특징들이 나타난다.

● 보통수준들

4수준(불균형의 수준): 부지불식간에 각 유형의 심리적 맹점이 나타난다. 이는 내적 갈등 또는 타인과의 갈등을 초래하기도 한다.

5수준(대인관계 조정의 수준): 주위 환경을 특징적인 방법으로 통제하려고 하면서 자아가 팽창한다. 방어기제들은 더욱 진지해진다. 이 수준에서 나타나는 여러 특성들은 눈에 뜨이게 불건강하고 부정적이다. 타인과의 갈등이 증가한다.

6수준(과잉보상의 수준): 여러 가지 갈등과 증가되는 불안에 대해서 과잉 보상하기 시작한다. 특정적인 자기중심적 형태가 이 수준에서 나타난다. 자기 방어의 다양한 형태들이 작용하면서 타인과의 갈등이 급증한다.

● 불건강한 수준들

7수준(위반의 수준): 매우 역기능적이고 결국은 자기 파괴적인 생존 쾌락을 쓰는데 유형마다 다르다. 자아를 보강하기 위한 무모한 시도를 해보지만 증가되는 내면의 불안으로 실효를 거두지 못한다. 이제 타인과의 갈등이 심각하다.

8수준(망상과 강박행동의 수준): 심각한 내면의 갈등과 그에 따른 망상적 방어가 사용된다. 현실과 불안을 직시하여 극복하기보다는 현실을 임의로 고치려고 든다. 심한 신경증적 상태로 유형마다 다른 방법으로 점차적으로 현실과 멀어진다.

9수준(병적 파괴의 수준): 충분히 병리적인 상태다. 현실과 멀어지고 환영에 집착하며 자신이 초래한 불안으로부터 자신을 구하려 하지만 오히려 자기 자신과 타인을 파괴한다. 직간접적인 자기 파괴성이 뚜렷해져서 심각한 폭력, 쇠약 또는 죽음에 이른다.

수준1은 자아(에고)를 넘어선 거대한 영역의 출발점이다. 그러나

최종 목적지는 아니다. 수준 2에서 9까지를 '성격의 옥타브'라고 생각한다면 수준 1은 더 높은 수준인 '본질적 존재의 옥타브'상의 처음을 나타낸다. 그것은 또 다른 움직임이다. 본질의 세계 속에 있는 완전히 새로운 가능성의 시작이다.

수준 1은 본질적인 신성한 불꽃, 즉 우리 자신의 존재를 지금 여기에서 온전히 드러내는 순간을 나타낸다. 순간순간을 있는 그대로 경험할 때 우리의 모든 방어기제와 한계, 설명, 계략들은 사라지고 진정한 우리 자신의 존재가 드러난다.[7]


우리는 자신의 가장 건강한 특성과 불건강한 특성을 모두 경험했을 수 있다. 그러나 경험했다고 해서 내가 그 단계에 있는 것은 아니다. 현재 자신의 수준을 알기 위해서는 간헐적으로 경험하는 단계가 아닌 몇 달간 지속적으로 머물러 있는 단계가 어느 단계인가를 파악해야 된다.

자신의 수준에 못을 박고 고무줄을 칭칭 감아서 그 고무줄을 위로 끌어올리면 올라가지만 끌어올리던 힘을 빼면 제자리로 돌아간다. 아래로 끌어내려도 마찬가지이다. 끌어내리던 힘을 빼면 제자리로 돌아간다.

자신의 수준보다 높은 수준이나 낮은 수준의 어떤 성격적 특성을 경험하는 것은 고무줄을 위아래로 끌어올리고 끌어내리고 하는 것과 같다. 고무줄이 제자리로 돌아오는 것처럼 몇 달간 지속적으로

---

7) "에니어그램 성격유형" 돈 리처드 리소, 러스 허드슨 공저, 윤운성 외 공역, 학지사, 2010

경험하며 머무르는 수준이 나의 수준이다.

예를 들어 수준 5의 9유형이 상황이 아주 좋아 수준 2의 자의식 없는 수용적인 사람이 될 수 있다. 그러나 일시적으로 그런 특성을 경험하지만 곧 다시 수동적인 사람으로 돌아오고 그런 상태로 몇 달간 지속된다면 그의 성숙수준은 평균수준인 수준 5인 것이다. 마찬가지로 그의 상황이 심각한 스트레스 상황이라서 일시적으로 자포자기 상태가 된다 해도 곧 본래의 상태로 돌아온다면 그의 성숙수준은 수준 9가 아니라 수준 5가 된다.

이렇듯 자신의 성숙수준을 알기 위해서는 상황에 따라 간헐적으로 경험하는 특성이 아니라 지속적으로 머물러 있는 단계가 어느 단계인가를 봐야 한다. 다만 자신이 어느 단계까지 내려갔는지 또 어느 단계까지 올라갔는지 보는 것은 필요하다.

건강한 범위에서 평균범위로 떨어질 때, 즉 수준 3에서 수준 4로 내려갈 때 각 유형마다 나타나는 신호가 있다. 이러한 신호가 나타나면 스트레스를 받고 있음을 알아차려야 한다. 그리고 건강한 수준을 유지하기 위해서 대처해야 할 것이다.


2유형들은 다른 사람이 자신을 좋아해주기를 바란다. 따라서 먼저 그들에게 다가가야 한다고 믿는다. 그리하여 굳이 그럴 필요가 없음에도 불구하고 사람들에게 다가가 손을 내민다.

3유형들은 지위를 얻고 다른 사람들의 관심을 받기 위해서 자신을 몰아붙이기 시작한다. 과업중심의 3유형들이 더 목표지향적이 되어 자신을 가혹하게 밀어붙이는 것이다.

4유형들은 상상을 하고 상상을 통한 자신의 느낌을 강화하며 그 느낌을 붙잡는다. 4유형들을 가까이서 지켜본 사람들은 4유형이 소위 드라마를 쓴다고 한다. 자기 멋대로 상상을 한다는 것이다. 상상을 하고는 거기서 오는 느낌을 붙잡고 흘려보내지 못한다.

5유형들이 건강한 수준에서 평균수준으로 떨어지고 있음을 알리는 신호는 현실과 동떨어져서 개념에 대해 집착하거나 내면의 세계로 움츠러들 때이다. 보통의 5유형들은 자신의 관심사 외에는 외부 세계에 대한 관심이 적은 편이다.

6유형들은 자신을 믿지 못하며, 외부의 안내를 구하고 무엇인가에 의존하려고 할 때 건강한 수준에서 평균수준으로 내려가는 신호로 볼 수 있다. 6유형의 격정이 앞에서 말한 대로 불안이다. 이러한 격정이 평균수준에서 드러나는 것이다.

7유형들은 지금보다 더 나은 것이 어딘가에 있을 것 같아 불안하다. 지금 여기보다 더 나은 곳이 있고 내가 가지고 있는 것보다 더 나은 뭔가가 있을 거 같아 불안하다면 평균수준으로 떨어지고 있다고 생각할 수 있다.

8유형은 어떤 일을 이루기 위해서는 밀어붙이고 투쟁해야 한다고 느낄 때 평균수준으로 내려가고 있다고 볼 수 있다. 세상을 양육강식으로 보고 있는 8유형들에게 나타나는, 스트레스 상황 속에서 평균수준으로 내려가는 신호인 것이다.

9유형들은 다른 사람들과 잘 지내는 것에 관심이 집중되어 다른 사람들의 요구를 잘 들어주고 자기주장을 하지 않음으로써 갈등을 없애려고 한다. 이러한 모습은 평균적인 9유형의 모습이다. 건강한 9번들은 자기주장을 잘하고 갈등을 자연스럽게 받아들인다. 따라서 건강한 9유형에게 평균적인 9유형의 모습이 나타날 때 스트레스를 받고 있음을 알아야 할 것이다.

1유형들은 자신이 모든 것을 고쳐야 한다는 의무감이 느껴질 때 스트레스를 받고 있음을 알아차려야 한다. 그리고 건강한 수준을 유지하기 위해서 대처해야 할 것이다.

아울러 평균 범위에서 불건강한 범위로 떨어질 때, 즉 수준 6에서 수준 7로 내려갈 때 각 유형마다 나타나는 느낌이 있다.

2유형은 자신이 친구나 사랑하는 사람을 잃어버릴 것 같은 두려움을 느낀다면 많은 스트레스를 받고 불건강한 상태임을 인지해야 한다.

3유형은 자신이 실패할 것 같고 자신의 주장이 공허하며 설득력이 없을 것이라는 두려움을 갖는다.

4유형은 자기 스스로 삶을 망치고 시간을 낭비해버릴 것 같은 막연한 두려움을 느낀다.

그리고 5유형은 이 세상에 자신이 설 자리가 없을 것 같은 두려움을 느끼며, 6유형은 자신의 행동이 스스로의 안전을 위협할 것 같은 두려움을 느낀다.

한편 7유형의 두려움은 자신의 행동이 스스로에게 고통과 불행을 가져올 것 같다는 느낌이다.

8유형은 다른 사람들이 자신을 외면할 것 같은 두려움을 느낀다.

9유형은 현실이 자신의 문제를 스스로 해결하라고 강요할 것 같은 두려움을 갖는다.

이렇듯 불건강한 상태에서는 각 유형마다 두려움의 성격은 달라도 모든 유형들이 공통적으로 '두려움'이라는 감정에 사로잡힌다는 것은 시사하는 바가 크다.

# 하위유형 알기

앞에서 우리는 에니어그램 유형을 찾는 법과 각 유형의 특징을 세세하게 살펴보았다. 그리고 각 유형의 날개와 화살(성숙점과 스트레스점)을 익혔다. 또한 각 유형의 성숙수준도 확인했다. 이제 좀 더 나아가서 각 유형의 하위유형에 대해서 알아보고자 한다.

에니어그램 강의를 하면서 유형의 특성을 설명하다 보면 유형은 격정으로 정확하게 찾았는데 설명하는 그런 특성은 별로 없다고 하는 이들이 있다. 또 자신 유형의 주된 특성과 거리가 있어 보이는 듯한 이들이 있다. 오히려 다른 유형의 특성이 더 드러나기도 한다. 이럴 때는 유형을 잘못 찾았나 의심하게 된다. 그래서 하위유형을 아는 것이 꼭 필요하다. 하위유형은 왜 같은 유형인데도 달라 보이는지를 설명해주기 때문이다. 나아가서 하위유형을 알게 되면 보다 더 자기인식을 넓히고 자신을 더 잘 수용하게 된다.

에니어그램에서는 사람마다 세 가지 기본 본능을 가지고 있다고 말하고 있다. 세 가지 본능은 자기 자신의 안전과 생존에 주된 관심을 가지는 자기보존의 본능, 사회그룹과의 관계 맺는데 관심을 가지는 사회적 관계의 본능, 사람과 사람, 일 대 일 유대관계에 관심을 가지는 개인적 관계의 본능이다.

이 세 가지 본능은 모두 한 개인 안에 있지만 그중 하나가 우세하다. 따라서 개인의 행동은 우세한 본능의 지배를 받는다.

자기 자신의 안전과 생존에 주된 관심을 가지는 자기보존 본능이 우세한 유형을 자기보존 하위유형이라 하고, 사회그룹과의 관계 맺는데 관심을 가지는 사회적 관계본능이 우세한 유형을 사회적 관계 하위유형이라 한다.

그리고 사람과 사람, 일 대 일 유대관계에 관심을 가지는 개인적 관계본능이 우세한 유형을 개인적 관계 하위유형이라 한다.

이렇게 한 유형 안에 하위유형이 세 가지가 있다. 그래서 에니어그램 유형을 보다 세분화하면 9가지 유형에 하위유형 3가지를 곱해서 27가지가 된다고도 한다.

이렇게 모든 유형마다 세 가지 하위유형이 있는 가운데 이 세 가지 하위유형 중에서 에니어그램 아홉 유형 모두, 격정의 에너지와 같은 방향으로 흘러가는 하위유형 두 가지가 있고 격정의 에너지 방향과 거꾸로 가는 하위유형 한 가지가 있다. 좀 어려운 이야기이긴 하지만 이 한 가지 유형을 '역유형'이라고 한다.

격정의 에너지 방향과 거꾸로 가기 때문에 격정은 같지만 그 격정이 나타나는 방식이 다르다. 예를 들어 3유형의 격정이 허영인데 3유형의 하위유형중 역유형인 자기보존 하위유형들은 단순히 자신보다 낮게 보이려고 애쓰는 게 아니라 진실로 나은 사람이 되려고 노력한다는 것이다. 즉 역설적이지만 허영으로 인하여 좋은 사람이 되려고 노력한다. 그들은 '나는 허영이 없는 사람'이라는 허영을 가지고 있다.

이렇듯 하위유형 중 역유형은 그 유형의 격정으로 나타나는 전형적인 모습과 달라 보이고 오히려 다른 유형과 닮아 보이는 면이 있기 때문에 종종 다른 유형과 혼동된다. 그래서 에니어그램 각 유형의 역유형은 반드시 알아둘 필요가 있다.

기껏 자신의 유형을 어렵게 찾고는 그 유형의 격정의 에너지로 인한 전형적인 모습이 나타나지 않을 때 자신을 그 유형으로 인정하기가 어렵기 때문이다. 그러나 하위유형까지 찾아서 자신이 역유형인 것을 알게 되면 왜 그 유형의 전형적인 모습이 나타나지 않는지 알 수 있다. 곧 그 유형의 격정의 에너지와 거꾸로 흘러가기 때문에 달라 보이는 것이다.

각 유형의 하위유형을 보면 다음과 같다.

## 8유형

**자기보존 8유형**은 자신의 만족스러운 생존에 관심을 둔다. 이들에게는 물질적 안전이 무엇보다 중요하다. 8유형 중 가장 표현이 적고 자신의 몫을 잘 챙긴다. 또한 8유형의 다른 하위유형에 비해 환경을 통제하고 힘을 행사하고자 하는 마음이 적어 다른 유형이 느끼기에 보다 편하게 느낄 수 있다. 8유형들이 보호에 집착하지만 이들은 지인이나 가족 등 자신에게 가까운 사람들만 보호할 필요를 느낀다.

**사회적 관계 8유형**은 다른 사람을 지원하고 보호하는 것에 관심을 갖는다. 많은 경우 단체에서 보호자의 역할을 맡고 정의감이 강하다. 앞에서 얘기한 **역유형**인데 다른 하위유형보다 충성스럽고 덜 공격적으로 보인다. 그리고 관계지향적으로 관계에 충실하기 때문에 부드럽고 친근하게 느껴진다.

**개인적 관계 8유형**은 상황을 장악하는 데 관심을 갖는다. 즉 영향을 끼치고 통제하기를 원하는 강력하고 카리스마가 있는 캐릭터이다. 이들은 사람들과 물건을 지배하려고 한다. 전체 환경을 지배함으로써 힘을 느끼고자 하여 전체 현장을 적극적으로 장악하는 것이다. 어떻게 보면 가장 8유형다워 보인다고 할 것이다. 8유형의 다른 하위유형은 다른 유형과 혼동할 수도 있지만 일 대 일 8유형은 그럴 가능성이 적기 때문이다.

### 9유형
**자기보존 9유형**은 일상적인 행동과 신체적 편안함을 추구하는 데 관심을 둔다. 일상에 관심이 있는 실제적이고 구체적인 사람들이다. 텔레비전을 보거나 컴퓨터로 일하는 것, 오래 잠자는 것, 영화 보러 가는 것 등을 좋아한다. 이들에게 음식은 특별한데 스트레스를 받거나 자신의 부정적인 감정을 덮어버리기 위해서 음식을 이용하기 때문이다.

**사회적 관계 9유형**은 역유형으로 집단에 융합된다. 그들의 관심은 집단이다. 자신이 속한 공동체를 지원하는 데 초점을 맞춘다. 이들은 인생에서 집단의 한 부분이 되기 위해 열심히 일함으로써 자신의 내면과 연결해야 할 때 나태를 보인다. 일 중독자가 될 수 있는 높은 수준의 활동성이 이들을 **역유형**으로 만든다.

9유형의 지인은 젊어서 70여 개국을 돌아다니면서 일했다고 한다.

필자의 아들도 결혼 전 회사 다닐 때는 밤늦게까지 자발적으로 회사에 남아서 야근을 했다. 당시 집에서 독립하여 회사 근처에 살았는데 휴일에도 자발적으로 회사에 나가 일을 찾아서 하는 등 일에 열심이었다. 그렇게 회사 일에 열심일 수가 없었다.

이렇듯 사회적 관계 9유형은 높은 활동성과 부지런함으로써 9유형으로 보이지 않을 수 있다. 그러나 앞서 얘기한 것처럼 내면과의 연결에 나태하다는 점에서 격정이 나태이고 따라서 9유형이다.

**개인적 관계 9유형**은 그들의 삶에서 중요한 사람에게 초점을 맞추고 융합한다. 즉 독립적으로 존재하기에 힘들다고 느끼고 다른 사람의 감정, 의견, 태도를 무의식적으로 취한다.

이들은 친절하고 상냥하며 수줍어하는 경향이 있고 공격적이지 않다. 또 이들은 4유형과 많이 닮아 보인다. 내가 만난 한 내담자는 관계에 집착하고 감정기복이 심하여서 마치 감정기복이 심한 4유형을 보는 듯했다. 도저히 감정적으로 비교적 안정적인 9유형으로 보기가 어려웠다.

### 1유형

**자기보전 1유형**은 반대로 행동하는 반동형성의 방어기제를 사용하여 격정인 분노를 변형시켜서 친근하고 상냥한 성격으로 나타낸다.

1유형의 전형적인 특성이 많이 나타나는 사회적 1유형과 대비해 볼 때 확실히 이들은 친근하게 행동하고 또 상냥하다.

통상 1유형 앞에서 느끼게 되는 긴장감 때문에 혹은 1유형들이 드러내는 딱딱함 때문에 1유형을 '가까이 하기에는 너무 먼 당신'이라고도 한다. 그러나 자기보전 1유형은 다른 1유형들이 주는 딱딱함이나 긴장감이 덜하다. 이들은 완벽을 추구하는 완벽주의자들이다. 자신들이 불완전하기 때문에 더욱 완벽함을 추구하려고 한다.

**사회적 관계 1유형**은 자신들이 무의식적으로 완벽하다고 생각한다. 그래서 자신이 믿는 것을 강하게 주장하게 되어 독선적으로 보인다. 타인에게 가르치려는 교사와 같은 사고방식을 가지고 있고 격정인 분노의 열기를 차갑게 변형시키고 분노의 반 정도를 숨겨 놓아 차분하고 지적인 성격을 보인다. 이들은 외형적으로도 사감선생처럼 뭔가 상대를 긴장하게 만드는 그런 분위기가 있다.

**개인적 관계 1유형**은 다른 사람을 완벽하게 하는 데 초점을 두기 때문에 완벽주의자라기보다는 개혁가이다. 1유형 중 유일하게 드러내놓고 분노하고 또 충동적이어서 충동과 분노를 억압하는 1유형의 경향에 역행하는 **역유형**이다.

돌아가신 필자의 아버지는 개인적 관계 1유형으로 보인다. 자녀들에게 무척 헌신적이셨던 분이지만 쉽게 화를 잘 내서서 아주 어릴 때 나는 아버지가 언제 벌컥 화를 내실지 몰라서 아버지 앞에 있으면 마음이 불안했다. 이렇듯 개인적 관계 1유형들은 분노를 억압하지 않고 드러낸다. 마치 걸어 다니는 증기주전자와도 같다.


### 2유형

(심장형들은 2,3,4 모두 자기보존유형이 역유형이다.)

**자기보존 2유형**은 다른 사람이 자신을 돌보아야 한다는 생각을 가지고 있다. 그래서 무의식적으로 타인을 현혹한다. 이들은 **역유형**으로 장난기 있고 무책임하며 매력적이다.

대체로 2유형들이 돌봄을 베풀고 자신의 욕구보다는 타인의 욕구를 우선시하는 편인데 비해 자기보존 2유형들은 자신을 잘 돌본다. 그들은 자신이 특권을 누릴 자격이 있다고 생각하고 자신을 소중하게 여긴다. 그리고 특별한 식사를 하거나 쇼핑, 특별한 휴가를 자신에게 허용한다.

**사회적 관계 2유형**은 청중을 장악하길 원한다. 청중을 장악할 때 이들은 만족감을 느낀다. 강력한 지도자 유형으로 존경을 받기 위해 야심을 가지고, 영향력 있고 유능한 사람이 되는 이미지를 계발한다. 가장 잘 받기 위해 주는 사람들이며 관대함을 보일 때는 언제나 전략적 시각을 가지고 있다. 또한 다른 사람의 삶에 영향을 주는 것을 좋아하고 중요한 역할을 찾는다. 그리고 인정받는 것을 갈망한다.

**개인적 관계 2유형**은 유혹적이다. 자신의 교만을 만족시키고 욕구를 충족하기 위해 특정한 개인을 유혹한다. 자신의 욕구를 채워줄 수 있는 파트너를 매력적으로 유혹하는 것이다. 이들은 깊은 관계를 갈망하고 종종 자신에게 도움이 되지 않는 사람을 선택해서 관계를 맺기도 한다. 그리고 자신이 먼저 다가가지 않으면 잊히거나 무시될 수 있다고 생각하여 먼저 다가간다.

### 3유형

**자기보존 3유형**은 **역유형**으로 자신들은 허영을 가지고 있지 않다고 생각한다. 그들은 단지 좋게 보이는 것에 그치지 않고 실제로 좋은 사람이 되려고 노력한다. 이들에게 성공의 의미는 반드시 리더가 되거나 관심의 중심이 되는 것이 아니다.

이들은 안전이 중요한 실용주의자들이다.

이들은 타인보다는 자신을 경쟁상대로 삼는다. 이들은 다른 두 부속유형에 비해 외향성이 적고 자신의 이미지에 대해서도 관심을 덜 갖는다. 따라서 이들은 자신을 3번 유형으로 인정하기가 어렵다.

**사회적 관계 3유형**은 에너지가 넘치고 효율적이며 결단력이 있는 리더들이다. 좋게 보이고 일이 완수되도록 성취하는 것에 초점을 둔다.

그들은 무대에서 스포트라이트를 받는 것을 좋아하고 이름 없는 사람으로 남는 것을 수치스럽게 생각한다. 한편 사회에서 성공하고 지위가 높은 사람들과 친분관계를 갖고 있는 것에 자부심을 가지고 있다. 이들은 3유형 중에서 가장 경쟁적이다.

**개인적 관계 3유형**은 자신에게 중요한 타인을 높여주고 다른 사람을 지원한다는 면에서 2유형처럼 보일 수도 있다.

자신의 카리스마, 성공, 성적 매력, 그리고 힘 같은 개인적인 매력을 통해 성취하는 것에 초점을 둔다. 이들은 가족적인 사고방식을 가지고 있고 다른 사람들을 기쁘게 하려고 노력한다. 그래서 이들은 경쟁하지 않고 관계를 형성하고 지지와 격려를 하길 원한다.

사회적 관계 3유형들과는 달리 이들은 스포트라이트를 받는 것도 불편해한다.

### 4유형

**자기보존 4유형**은 고통을 품고 산다. **역유형**인 이들은 극기심이 강하고 다른 사람과 아픔을 공유하지 않는다. 이들은 자신에게 많은 것을 요구하며 견디려고 하는 강한 욕구와 함께, 노력하는 열정을 가지고 있다. 따라서 이들은 위기상황을 극복해나가는 데 있어서 의지가 강하고 끈기가 있다. 그리고 자신에게는 부족하고 다른 사람들이 가지고 있는 것을 얻기 위해 열심히 일한다. 그리고 어떤 목표를 추구하게 되면 일상적인 일들을 무시하기도 한다.

**사회적 관계 4유형**은 자기보존 4유형과는 달리 자신의 감정을, 특별히 힘든 감정을 타인과 쉽게 나눈다. 이들은 괴로워하며 우울을 느끼는 데서 편안함을 느낀다. 그래서 자기 자신의 열등감에 초점을 두고 자신과 다른 사람을 비교하고 자신의 결핍을 찾는다. 또한 이들은 자신의 이상에 도달하지 못한 것 즉 별로 똑똑하거나 창조적이지 못한 것, 인류에 기여하지 못한 것, 좀 더 완벽한 관계를 만들지 못한 것 등에 대해 부끄러움을 느낀다.

**개인적 관계 4유형**은 결핍의 고통스러운 감정을 없애려고 노력하는 가운데 무의식적으로 타인에게 고통을 준다. 최고가 되기를 추구하는 이들은 경쟁적이다. 또한 내면에서 느끼는 결핍이 주는 고통으로 인하여 타인이 가진 것에 대하여 시기하게 된다.

이들은 손에 넣을 수 없는 것을 동경하고 관계를 독특하고 강렬하게 만들어줄 수 있는 파트너를 찾는다.

4유형에게 있어서 고통은 특별한데 하위유형마다 고통을 대하는 태도가 앞에서 본바와 같이 조금씩 다르다.

자기보존은 고통을 참으면서 내면화하고 일부 고통을 부인하는데 사회적 유형은 고통을 받으면서 산다. 반면 일 대 일 하위유형은 고통을 외부로 투사하고 타인을 고통스럽게 하는 측면이 있다.

필자는 4유형의 자기보존형이다. 그래서인지 고통을 타인에게 잘 표현하지 않고 감내하는 편이다.

초등학교 들어가기 전 나는 할머니와 시골에서 살았다. 고구마 수확 철이 되어 집 뒤 산비탈에 있는 고구마 밭에서 할머니가 고구마를 캐면 그것을 조그만 대야에 담아서 집까지 나르곤 했다. 초등학교 들어가기 전이었으니까 많이 되어도 필자 나이 6세였다.

문제는 산비탈에서 집으로 가는 도중에 오른쪽 비탈에 황토 흙이 움푹 패여 작은 동굴(?) 같은 게 있었고, 그것이 어린 나에게는 뭔가 무시무시한 기분이 들게 했었다는 것이다. 그래서 그곳을 지날 때는 잔뜩 겁을 집어먹고 빠르게 지나가곤 했다. 그러나 할머니께 무섭다거나 힘들다고 전혀 내색하지 않았다.

성인이 되어서 다시 그곳을 찾았을 때 어른이 지나가기도 거칠고 적막한 제법 긴 거리의 그곳을 어린 꼬마가 불평하지 않고 지나갔다는 것이, 그것도 고구마 대야를 들고 지나갔다는 것이 신기했다.

어렸을 때부터 고통은 내색하지 않고 스스로 해결해야 하는 것이라고 믿었던 것 같다. 만약 그때 내가 느끼는 두려움을 할머니에게 얘기했더라면 훨씬 쉽게 그 감정을 극복하고 지금까지 그 일을 기억하고 있지 않을지도 모른다.

**5유형**

**자기보존 5유형**은 자신의 경계를 설정해놓고 그 경계를 지키려고 한다.

그들은 집중할 수 있는 사적인 공간이 필요한 사람들이다. 그리고 삶을 단순하게 만들려고 노력하며 책과 정보를 제외하고는 많이 가지는 것을 좋아하지 않는다.

요즘 미니멀리즘이 대세다. 이 트렌드는 자기보존 5유형의 철학과 맞아떨어진다. 또한 5유형인 법정 스님이 살아 계실 때 무소유를 주장했는데 유형의 특성과 무관해보이지 않는다. 5유형 중 가장 표현이 적고 자신의 욕구와 필요를 제한하여 다른 사람에게 의존하는 것을 회피한다.


**사회적 관계 5유형**은 감정적 유대보다는 가치를 공유한다. 그리고 지식을 통해서 다른 사람들과 공통적인 관심사를 연결시킨다. 이들은 자신에게 아주 중요한 일에 대해서는 자신에게 중요한 사람들에게 칭찬받기를 원하지만 대개의 경우 다른 사람의 인정이나 칭찬을 요구하지 않는다. 또한 정보를 얻고 흥미로운 사람들을 만나기 위해서 모임에 나가기도 하지만 관심사가 아니면 많은 사람들이 모이는 곳을 피한다. 이들은 의미 없는 삶을 피하고 궁극적인 의미를 추구한다.


**개인적 관계 5유형**은 **역유형**으로 사람들과 정보를 나눔으로써 친밀한 관계를 만든다.

5유형 중 가장 감정적으로 민감하고 욕구를 많이 표현한다. 이런 점이 이들을 4유형처럼 보이게 한다. 그리고 이들은 흥미로운 주제에 대해 이야기하기를 좋아하여 사교적인 모임은 기피하여도 주제가 있는 모임은 선호한다. 자신의 영역을 존중해주는 사람들을 좋아하며 자신에게 관심이 집중되는 상황은 불편하게 여긴다.

이들은 예술적인 창작물을 통해 표현할 수 있는 활기찬 내면의 삶을 가지고 있다.

## 6유형

**자기보존 6유형**은 책임감이 강하며 충성스럽고 재치가 있다.

이들은 살면서 안전하다는 느낌을 갖기 위해서 관계에 집중한다. 관계에 집중하여 보호적인 동맹을 추구하기에 따뜻하고 친근하다. 그리고 신뢰할 수 있도록 노력하기에 '온화'라고 불린다.

한편 걱정과 의심이 많고 다른 사람에게서 보증이나 보호를 찾으려고 한다. 또한 권위를 가진 사람들이 자신을 어떻게 생각하는지를 주의 깊게 살핀다. 이는 그들에 의해 자신의 입지가 결정된다고 생각하기 때문이다.

이들에게는 안전한 집이 필요하다. 또 바깥 세계로부터 보호받고 있다는 느낌이 아주 중요하다.

**사회적 관계 6유형**은 권위에 복종함으로 세상 안에서 안전감을 느낀다. 이들은 불확실에서 오는 불안을 다루기 위해 지나칠 정도로 확실함을 요구한다. 그리고 정확성과 효율성에 초점을 둔다. 또한 어떤 개인에 의존하는 것은 안전하지 못하다고 생각하여 조직을 신뢰하고 지원하는 편을 택한다.

한편 내면에 권위자의 목소리에 바탕을 둔 위원회가 있어서 이 위원회와 계속 이야기하며 이 위원회에 문의한다.

**개인적 관계 6유형**은 **역유형**으로 에너지가 넘치고 경쟁적이다.

다른 사람보다 자기 자신을 더 신뢰한다. 그리고 최고의 방어는 최고의 공격이라는 생각을 가지고 있다.

이들은 누구든 위협을 가할 수 있다고 생각하여 타인에게 일정한 거리를 두고 항상 강력한 태도를 취한다. 이런 면에서 8유형과 닮아 보인다. 이들은 에너지가 넘치고 경쟁적이다. 또 목표를 이루기 위해서 열심히 일한다.

6유형은 세상을 불안한 곳으로 본다. 따라서 그들에게는 무엇보다 안전감이 중요하다. 이 안전감을 확보하기 위한 방법이 하위유형마다 조금씩 다른 것을 볼 수 있다.

자기보존형들은 관계에 집중하고 사회적 관계 유형들은 조직과 권위자의 목소리에 기반을 둔 내면의 위원회와 상의한다.

개인적 관계 유형들은 공격이라는 내면의 프로그램을 가진 자기 자신을 신뢰한다.

### 7유형

**자기보존 7유형**은 실용적이다. 기회에 기민하고 인적 정보망을 통해 안전을 확보한다. 곧잘 다른 사람들을 즐겁게 해주는 역할을 떠맡기도 하면서 삶을 즐기는 자들로, 발랄하고 쾌활하기에 즐거움을 누리고 원하는 것을 얻는 경향이 있다. 또한 이들은 가치와 이해를 나눌 수 있는 가족이라는 기반을 갖기를 좋아한다. 동시에 가족 구성원 간에 도움을 주는 것을 좋아한다. 그리고 집안이나 집 주변에서 많은 시간을 보낸다.

**사회적 관계 7유형**은 **역유형**으로 다른 사람들의 욕구를 채우기 위해 자신의 욕구를 희생한다. 그리고 순수하며 좋은 사람이 되고자 하는 욕구를 가지고 있다.

사회적 7유형의 이러한 성향은 2유형과 닮아보이게 한다. 그래서 사회적 7유형들은 7유형과 2유형 사이에서 자신이 어느 유형인지 갈등을 겪는다.

필자 주위에도 격정은 탐닉이 분명한데 2유형의 특성이 아주 많이 나타남으로써 자신이 2유형인지 7유형인지 결정 못 하는 이들이 많다.

이들은 7유형의 역유형인 사회적 관계 7유형이다.

사회적 관계 7유형들은 자신이 믿는 명분이나 원칙을 위해 자신의 목숨까지 바칠 수 있다고 생각한다.

**개인적 관계 7유형**은 도전과 흥분을 좋아하고 평범한 현실보다 더 나은 무언가를 상상한다.

독특한 것, 강렬한 것, 복잡한 것, 혹은 미적인 것을 좋아한다. 한편 이들은 이상적인 몽상가이다. 낙관적 관점을 가지고 장밋빛 안경을 통해 세상을 본다. 이들은 순진하고 최면에 걸리기 쉬운 상태로 피암시성이 높다.

7유형들은 모험을 즐긴다. 그런데 모험에 대한 태도가 하위유형마다 조금씩 다르다.

자기보존 7유형들은 모험은 하되 무모하게 위험을 무릅쓰지는 않는다. 그들은 그 모험이 어느 정도 위험한 일인지 가늠해본다.

한편 사회적 관계 7유형들은 모험에 대한 갈망을 억누르고 가족이나 일, 명분에 대한 책임에 더 충실하려고 노력한다.

개인적 관계 7유형들은 마음 맞는 사람들과 함께 적극적으로 모험을 추구한다. 특별히 배우자가 자신과 함께 흥분과 모험을 즐기지 않으면 배우자에게 불만스러워 한다.[8]

이렇듯 같은 유형이라 할지라도 하위유형에 따라 조금씩 다른 특성을 볼 수 있다. 그래서 나를 더 잘 이해하려면 하위유형까지 아는 것이 꼭 필요하다.

---

8) "에니어그램 27가지 하위유형" 비어트리스 체스넛 지음 / 김세화, 한병복 옮김 2017 한국에니어그램협회 참조.

본 저서에서 굳이 하위유형을 다루는 이유는 자신의 유형을 정확하게 찾는 데 도움이 되기 위해서이다. 본서의 목적인, 나다움을 알고 셀프코칭과 행동패턴의 변화를 통해 나다움을 이루어 나가려면, 먼저 유형을 정확하게 찾아야 하기 때문이다. 따라서 자신의 하위유형을 알아서 자신의 기본유형을 찾는 데 도움이 될 정도의, 각각의 하위유형특성만을 간략하게 기술하였다.

더 상세한 특성들을 알고 싶은 독자들은 시중에 나와 있는 하위유형을 집중적으로 다룬 책들을 참고하기 바란다.

하위유형에서 나의 우세본능이 있긴 하지만 우세하지 않은 다른 두 본능이 내 안에 없는 것은 아니다. 세 가지 본능은 모두 다 내 안에 있고 따라서 세 가지 본능을 골고루 발달시키는 것이 바람직하다. 그래서 상황에 맞게 적절히 사용하는 것이 필요하다.

# 6장

## 각 유형의 자아실현 방향성

에니어그램이 여타 성격유형 검사와 다른 점은 일반 성격검사는 자신의 성격이 어떠한지를 알려주는 데서 그친다. 그에 반해 에니어그램은 그 성격을 기반으로 자아실현을 위해 내가 어느 방향으로 나아가야 하는지를 알려준다.

에니어그램은 성격을 아는 데서 그치지 않는다. 에니어그램은 내가 자아를 실현하기 위해서는 어느 방향을 향해야 하는지 구체적인 방향성까지 제시한다. 앞에서 하위유형까지 살펴봄으로써 내가 어떤 사람인지는 정확하게 알게 되었다. 이제 이 장에서는 그럼 나답게 살기 위해서 나라는 사람은 어느 방향으로 나아가야 하는지 내가 지향해야 할 방향성을 살펴보겠다.

이 방향은 학교 교육에서 혹은 사회가 일률적으로 제시하는 그 방향이 아니다. 우리 학교교육이나 사회는 모두 하나의 방향만 제시하고 있다. 하지만 이것은 맞지 않는 옷을 억지로 입히는 것으로, 옷에 몸을 맞추는 것이나 다름이 없다.

사람은 다 다르기 때문이다. 모든 사람은 자기만의 고유한 성장방향이 있다. 식물을 키우다 보면 식물도 자라는 나름의 고유한 방향이 있음을 알게 된다. 그것을 무시하는 것은 본성을 거스르는 것이다. 따라서 많은 부작용을 일으키게 된다. 자기만의 고유한 성장방향을 지향해나가는 삶이 나답게 사는 삶이다.

내 방향으로 가도 궁극적으로는 모든 것이 통합된다.

에니어그램은 나만의 고유한 방향을 제시하고 있다. 내가 가야 할 방향으로 갈 때 나의 삶은 성숙해지고 자연스러워지며 생산적이 된다. 그러면 어느 방향이 내가 가야 할 방향일까?

에니어그램 유형을 알게 되면 그 유형의 성숙점(통합점)이 나온다. 이 성숙점이 내가 나아가야 할 나의 자아실현의 방향점이다. 예를 들어 필자는 에니어그램 4유형으로 성숙점이 1유형이다.

이 성숙점(1유형)이 내가 지향해야 할 나의 자아실현의 방향이다. 즉 성숙점의 좋은 점을 통합할 때 나는 자아실현에 한 걸음 다가서는 것이다. 그런데 이 성숙점의 좋은 점은 밖에 가서, 혹은 1유형에게 가서 얻어오는 것이 아니다. 필자 안에 이미 내재되어 있다.

모든 사람은 자기유형의 성숙점의 좋은 점을 이미 자신 안에 가지고 있다. 다만 그것이 자신의 성격 안에 통합되느냐 아니냐의 문제일 뿐이다.

자신 안에 내재되어 있는 성숙점의 좋은 점이 통합되기 위해서는 어떻게 하면 좋을까? 생각보다 간단하다. 늘 성숙점 방향으로 향해 있으면 된다. 그러면 성숙점 방향으로 향해 있다는 것이 무슨 말인가? 그것은 3부에서 얘기할 것이다.

이 장에서는 각 유형이 자아실현의 방향으로 나아갈 때 구체적으로 어떤 모습이 되는지 알아볼 것이다.

# 1유형: 열정가형을 지향하기

1유형들은 자아실현을 위해 7유형으로 지향해야 한다.

1유형들이 성숙방향인 7유형으로 향할 때 현실의 불완전함을 받아들인다. 그리하여 더욱 생산적이 된다. 이들은 모든 것을 완벽하게 하기 위해 끊임없이 노력해야 한다고 느끼지 않게 된다. 그로 인해 7유형처럼 관대해지고 비로소 인생을 즐긴다. 또한 보다 개방적이고 즉흥적이 되며, 밝고 유쾌해진다.

이들은 긴장을 푼다. 더 이상 모든 것을 완벽하게 하려고 노력하지 않으며 또한 세상을 구원하려고 하지도 않는다.

삶은 이제 과제도 아니고 엄격한 규제도 아니다. 이들은 모든 것이 나름의 방식대로 전개되도록 허용한다. 더 즉흥적이고 유쾌하며 다양한 가능성에 마음을 열어 놓을 수 있다. 또한 호기심이 많고 긍정적이며 배우는 데 관심을 갖는다. 그래서 기꺼이 다른 사람들의 관점을 배워 자신의 관점을 넓고 깊게 만든다. 또한 다른 사람들의 관점과도 쉽게 연결될 수 있다.

자아실현의 방향성인 성숙점이 통합되면 자기와 타인수용이 어렵던 1유형들이 자신을 받아들이고, 자기와 타인의 실수를 용납하게 되며 상황을 있는 그대로 내버려두거나, 받아들인다. 또한 자신에게 높은 기준을 고집하지 않고, 최선을 다하되, 그것으로 만족할 줄 안다. 그리고 아직 목표에 도달하지 않고 과정 중에 있는 자신을 인정한다.

이들은 건강한 7유형처럼 낙천적인 면을 배우게 되어 긴장을 풀고 휴식을 취하고, 삶을 즐기며, 작은 것에서도 행복감을 느낀다.

이들은 멈추어서 호흡을 하고 삶의 기적을 느끼고 누린다.

1유형은 근본적으로 '부도덕하고 결함이 있는 것에 대한 두려움'을 갖고 있다. 성숙방향을 향하게 될 때 이 두려움을 버리고, 현실에서 일어나고 있는 것을 있는 그대로 내버려 둘 수 있는 내적인 힘이 생긴다. 이와 같이 현실을 있는 그대로 수용하게 되면서 내면에서도 변화가 일어나 내면의 심판관이 서서히 누그러진다. 그리고 자신이 어떠한 상황에 있든지 상황을 편안하게 수용할 수 있는 힘이 생긴다. 이어서 내적 평화를 발견한다. 이렇듯 자기 내면의 심판자의 목소리로부터 자신이 벗어났을 때, 기쁨, 열정, 호기심, 열린 마음 같은 건강한 7유형의 자질이 자연스럽게 나타난다.

또한 7유형을 지향할 때 보다 객관적으로 상황을 분별하고 분석할 수 있는 힘이 생긴다. 그리고 동정심이 더 많아져서 다른 이들의 감정에 진정으로 마음을 쓴다. 자신에게 너그러워짐으로써 다른 이에게도 너그러워지며, 자기 내면의 미덕을 발견하고 자기 자신과 가장 친한 친구가 될 수 있다.

이렇듯 자타를 수용하게 되면서 이들은 다른 이들이 독립적이고 강인해지게끔 도와준다. 이러한 과정에서 1유형들은 내면의 평안을 유지하게 되어 솔선수범하고 관용 있는 지도자가 된다.

# 2유형: 예술가형을 지향하기

2유형들은 자아실현을 위해 4유형으로 지향해야 한다.

자아실현의 방향 즉 4유형의 성숙방향으로 향하게 되면 이들은 진실하게 자기 내면의 모든 감정들과 동기에 대해서 직면할 수 있다. 그리하여 자신의 욕구가 충족될 만한 가치가 있는 정당한 욕구임을 깨닫는다. 그리고 모든 면에서 선해야 하며 끊임없이 타인들에게 도움이 되어야 한다는 의무감에서 벗어난다. 이렇게 하여 더욱 진정한 자신이 되어 진실하게 사랑받을 수 있는 존재가 된다. 또한 피상적인 사랑이 아니라 타인에게 도움이 되는 진실한 사랑을 하며 자신도 사랑하게 된다.

2유형들은 사랑받을 가치가 없는 것에 대한 기본적인 두려움을 갖고 있다. 이 두려움을 버릴 때, 자만심에 차 있고 자신을 외면하던 2유형들은 긍정적인 4유형처럼, 자신의 내면세계를 탐구하여 모든 감정을 인식하고 받아들이는 것을 배운다.

2유형은 자연적으로 다른 사람들의 감정이나 욕구에 주의를 기울이기 때문에 타인의 감정과 욕구를 인식하는 감수성이 탁월하다. 그러나 이들이 성숙방향을 향함으로써 외부에서 내면세계로 방향전환을 하게 될 때, 타인의 감정과 욕구에 초점을 맞추었던 것에서 자기내면의 감정과 욕구를 감지하는 쪽으로 변화한다. 즉 이들은 자신 내면의 분노, 슬픔, 고독, 상처 등 불쾌하고 고통스러운 감정과, 비밀스런 욕구, 가장 어두운 구석에 드리워 있는 미움 같은 내면의 상태를 직면하여 이를 인식하고 받아들인다.

자신의 내면상태를 지각하게 됨에 따라 2유형은 사랑하는 사람에게 화가 났을 때 그에게 화를 내거나 혹은 그 상황을 직면하지 못하고 외면하던 것에서 벗어난다. 오히려 이들은 자기 안에서 그 분노의 근원을 탐색해 볼 수 있다.

이들은 자신의 감정과 욕구를 중시하게 됨으로써 점차 두려움과 욕구가 올라올 때 알아차린다. 또한 남들에게 해 주었듯 자신도 위로해 주고 자신의 욕구도 충족시켜 준다.

2유형이 자신을 잘 보살피고 자신의 필요에 귀 기울이는 것을 배울 때 자신을 적절하게 표현한다. 그리고 다른 사람들과도 사랑이 넘치고 만족스러운 관계를 가질 수 있다.

자신에 대한 이해도가 커가면서 2유형은 자신에게 필요한 것을 자각하고 숨기지 않게 되어, 죄의식 없이 멋, 예술 등 자신의 욕구를 충족시킨다. 다른 사람의 요청에 '아니오.'라고 가식 없이 말하게 되며, 남에게 자신의 욕구를 고려해 달라고 할 수도 있다.

통합된 2유형은 더 이상 불필요하게 남에게 '주어야 한다.'는 강박감을 갖지 않는다.

　이들은 사랑받기 위해 모든 사람에게 다 좋게 행동할 필요가 없다는 것을 알게 된다. 이렇게 될 때 자아실현의 방향으로 향해 있는 2유형의 사랑은 더 이상 억압적이지도, 이기적이지도 않다. 오히려 다른 사람을 사랑하는 행위를 통해 자신이 영적으로 성숙함을 겸허히 받아들인다.

　자아실현을 이룬 2유형은 이제 더 이상 다른 사람들에게 불필요한 부담을 주지 않고 자신의 진정한 모습을 찾을 수 있다. 그리고 자신을 충분히 드러낼 수 있다. 이들의 관계는 매우 정직하고 상호작용이 원활해지며 만족스러워진다.

　또한 남을 도와주는 것 이외에 자신에게 자부심을 줄 수 있는 소양을 찾아낸다. 다른 이들이 자신을 원하고 원하지 않는 것에 의존하지 않으며 당당해진다. 그리고 혼자 있는 것에 대한 가치를 자각하고 매사를 깊게 생각한다.

　이들은 다른 이들과 깊은 대화를 나누게 됨으로써 호의와 신뢰를 얻으며 필요한 일들을 스스로 하여 독자적이고 자립적이 된다.

　2유형이 '이타적'인 것에 대해 슈퍼에고가 정한 기준을 깨고 자신을 잘 보살피고 자신에 대한 이해를 넓혀나갈 때 성숙한 4유형의 창조성이 자연스럽게 나타난다.

# 3유형: 헌신가형을 지향하기

3유형은 6유형으로 지향해야 한다.

3유형이 자아실현의 방향인 6유형의 성숙방향으로 향하게 되면 공동체 내에서 헌신한다. 또한 주위 사람들과 인화와 협동을 구축한다. 그리고 이러한 과정에서 자신을 더욱 깊이 있게 발전시킬 수 있음을 깨닫는다. 이러할 때 3유형은 더 이상 다른 누구와 경쟁하지 않고 그들과 지속적이고 친밀한 관계를 형성하면서 그들을 지원하고 격려할 수 있다.

3유형은 근본적으로 '자기가 가치 없는 것, 타고난 재능이 없는 것'에 대한 두려움을 갖고 있다. 이 두려움을 버릴 때, 스스로에게 좀 더 정직해질 수 있다.

허영심 많던 3유형은 긍정적인 6유형처럼 협동적이고 사람들에게 충실해진다. 그들이 자신과 동일시하던 역할가면을 벗고 내면의 공허함을 직면하게 될 때 6유형의 바람직한 속성들이 통합되어지기 때문이다. 이렇게 될 때 이들은 자신의 이해를 초월하는 목표에 헌신하고 충실하게 되면서 자신의 이미지를 유지하는 것에서 벗어난다. 그리고 자신보다 더 큰 공동의 선을 발전시켜 나가고자 하는 순수한 열망을 갖는다. 또한 자기중심적인 야망을 버리고, 집단과 결속력을 갖게 되면서 이해타산을 떠난 이타적인 행동을 하게 된다. 그리고 이를 통해 이들은 자기 자신에게만 주의를 기울일 때는 생각할 수 없었던, 진정한 의미의 자기 존중과 가치감 및 깊은 만족감을 가질 수 있다.

통합된 3유형은 지나친 확신감을 버리고 자신과 타인의 한계를 인식한다. 그리고 부족한 자신을 있는 그대로 인정하고 받아들이면서 성실히 노력한다.

이들은 자신의 가슴으로부터 우러나오는 헌신을 가지고 다른 사람들과 협력해서 일한다. 또한 자신이 한 행동에 대해 찬사를 받든지 받지 않든지 상관없이 자신이 다른 사람과 함께 이루어낸 일에 대해서 진정한 기쁨을 느낀다. 이때 이들은 진정한 자신의 정체성과 가치를 경험한다. 그리고 신뢰와 상호 존중을 토대로 견고한 인간관계를 만드는 법을 배우고 자신의 영혼의 소리를 듣고 거기에 따르는 것을 경험한다.

한편 보통 3유형은 자신이 혼자라고 느끼는 경향이 있다. 이들은 다른 사람들을 격려하고 팀의 사기를 북돋우는 데는 능하지만 결국 자신이 혼자임을 경험한다. 그러나 6유형이 통합되면서 자신에게 도움이 필요하다는 것을 인식하고 남들의 도움을 용기 있게 청하고 받아들이기 시작한다. 자신감이나 확신이 없다는 표현도 솔직하게 할 수 있다.

통합된 3유형은 일 이외의 다양한 즐거움을 만들어 낸다. 그리고 자신의 감정과 사생활을 소중히 여긴다.

가족이나 친구들과 지내는 시간이 많아지고 마음을 열고 교류한다. 또한 다른 사람의 능력을 신뢰하고, 감정을 이해함으로써, 견고한 인간관계 맺기를 배운다.

더 이상 다른 사람들을 매혹시키려고 애쓸 필요가 없어지고 의사소통도 더 단순하고, 진실하고 직접적이 된다.

3유형이 자신을 성취와 동일시하는 태도에서 벗어나면 6유형의 가슴으로부터 우러나오는 헌신, 참을성, 용기 같은 자질이 자연스럽게 통합될 수 있다.

# 4유형: 개혁가형을 지향하기

4유형은 1유형으로 지향해야 한다.

4유형이 자아실현의 방향인 1유형의 성숙방향으로 향하게 되면 이들은 자신을 직시하고 감정을 단련하며 현실원리에 입각하여 삶을 충실하게 살아가게 된다. 또한 자기 훈련이 되어 객관적인 원칙에 따라 행동한다. 그리하여 더 이상 자신을 특별하게 생각하지 않으며 자기 방종과 면제의 욕구에서 벗어나 능동적으로 현실에 참여하며 진정한 자아를 발견한다.

4유형은 근본적으로 자신의 정체성이 없는 것 혹은 자신이 중요한 존재가 아닌 것에 대한 두려움을 갖고 있다. 이 두려움을 버릴 때, 특별한 것이란 평범한 것이 드러난 것에 지나지 않음을 깨닫게 되고, 현재를 풍요롭게 살 수 있다.

시기가 많고 감정적으로 불안정하던 4유형들은 긍정적인 1유형처럼 원칙적이고 객관적이 된다.

4유형이 자기 자신과 일정한 거리를 유지하고 자신의 환상세계-

보통의 4유형은 현실세계와는 별도의 환상fantagy의 세계를 가지고 있다-를 비판적으로 평가하는 능력을 가지게 될 때 이들은 현실과의 연결점을 찾을 수 있다.

주관적인 자신의 감정의 영역을 넘어서 원칙과 의미 있는 활동에 헌신함으로써 자신이 누구인지 발견할 뿐만 아니라 있는 그대로의 자신을 인정할 수 있다. 또한 자신을 표현하는 것이 자신의 감정에만 빠져 있는 것이 아님을 깨닫는다. 그리고 자신에게 의미 있는 일을 추구해 나가기 위해 끊임없이 노력하는 것의 중요성을 깨닫고 실행한다. 현실에 뿌리내리게 되면서 하루하루의 일상적인 현실에 충실하고, 완전히 삶에 뛰어들어 자신의 일과 다른 사람들과의 관계를 통해 자신이 누구인지를 알아 나간다.

일단 이들이 현실에 뿌리내리게 되면, 삶의 모든 면이 창조성을 실현해 주는 재료가 된다. 그리고 현실에 연결되어 있으면서 현실 안에서 영감과 기쁨을 얻을 수 있다. 이들이 자신의 기본적인 두려움, 즉 정체성이 없는 것 혹은 자신이 중요한 존재가 아닌 것으로부터 자유로워지면 삶 자체가 예술 작품이 된다. 즉 이들은 자신 안의 풍요로움이 곧 예술임을 깨닫는다.

이들은 더 이상 끝없이 자신의 내면세계의 환상으로만 향하거나 혼란스러운 감정에 빠지지 않고, 현재에 존재하며 깊은 인간의 내면으로 마음을 열기 시작한다. 이렇게 될 때 이들의 진정한 정체성은 존재의 매 순간에 스스로를 드러내기 시작한다.

또한 현실을 있는 그대로 수용하게 되어, 현재 자신이 가지고 있는 것에 만족한다. 아울러 다른 사람과 자신을 있는 그대로 바라보고 받아들일 수 있게 된다. 그리하여 진정한 자존심과 정체성을 찾는다.

진정한 정체성과 자존심은 자신의 상상이나 일시적인 감정이 아니라, 진정한 삶과 행동 위에 기초한 것이다. 그리고 진정한 자신은 스스로가 상상 속에서 만들어 낸 것보다 훨씬 더 아름답고 풍요로우며 만족스러운 존재라는 사실을 알게 된다. 이들은 자신 안에서 힘, 의지력, 결단력, 명확성 등의 자질을 발견한다. 그리고 타인의 고통을 공감하는 감성으로 다른 이들의 발전과 성장에 영향을 줄 수 있다.

통합된 4유형은 시작한 일은 책임을 지고 끝까지 마무리하게 되며 문제를 적극적으로 해결하고 실천의지가 높아진다. 또한 정직하고 공정하게 살기 위해 열심히 노력한다. 그리고 처하게 된 상황의 현실과 자신의 감정적 반응은 다른 것임을 깨닫고, 자신의 감정에 지배되는 일이 적어진다. 감정보다는 가치를 더 중요시하게 되며, 자신의 느낌을 직면하고 상황을 직시, 비판, 변화시키려고 노력한다.

4유형은 1유형의 건강한 성품인 분별력과 현실감을 갖게 되는 것이 중요한데, 이것은 자신의 이상주의와 선망에서 벗어날 때 자연스럽게 얻어진다.

# 5유형: 도전자형을 지향하기

　5유형은 8유형으로 지향해야 한다.

　이들이 자아실현의 방향인 8유형의 성숙방향으로 향하게 되면 용기 있게 결단하고 현실에 뛰어들어 체험을 통해 실천적 지혜를 학습할 수 있다. 특히 자신들 관심분야의 전문적인 지식을 충분히 터득하여 확신을 가지고 다른 사람들을 지도한다. 이들은 더 이상 자신들이 환경에 압도당할 것이라는 두려움을 느끼지 않아 어떠한 상황에도 대처할 수 있음을 깨닫고 도전에 응할 수 있다.

　5유형은 근본적으로 '쓸모없고 무능하게 되는 것'에 대한 두려움을 갖고 있다. 이 두려움을 버릴 때, 더 이상 에너지를 비축하고 안에만 쌓아두려고 하지 않고 세상을 향해 뛰어들어 용기 있게 자신을 내 놓을 수 있다. 그러면 매사를 끌어안고 고립적이던 5유형은 긍정적인 8유형처럼 자신감 있고 결단력을 가진다.

　성숙의 방향으로 가는 5유형은 자신의 관념의 세계 속에 움츠려들어 준비가 되면 현실에 뛰어들겠다는 생각을 떨쳐버린다. 그리고 과감히 '나는 할 수 있다.'라는 확신을 갖고 삶에 뛰어들어 현실을 직면한다.

또한 적극적으로 행동하며 승리를 위해 전력을 다하게 되어 '이지적인 행동파'가 된다. 아울러 세상에 적극적으로 참여하고, 자신의 지식과 기술을 실질적인 문제에 적용한다.

이들은 자신이 이 세상을 풍요롭게 할 수 있고, 또 변화시킬 수 있는 독창적인 능력을 지니고 있음을 확신하게 된다.

그리고 세상에서 물러나 있음으로써 책임을 회피하지 않고, 도전을 받아들이고, 스스로 강한 사람이란 느낌을 받는다. 뿐만 아니라 힘, 의지력, 자신감이 생긴다. 어려운 문제에 직면해도 금방 단념하지 않고 극복하려고 노력한다. 또한 진정한 비전을 가지고 자신이 노력하는 분야에서 혁명적인 변화를 일으킬 힘을 갖는다.

사람들은 직관적으로 5유형들이 자신의 이득을 추구하지 않고, 긍정적인 해결책을 찾고 있음을 느끼기 때문에 이들이 하는 일을 기꺼이 도와준다.

통합된 5유형들은 자신이 필요로 하는 것을 남에게 요청할 수 있고 자신의 정보, 사고, 지식을 다른 이와 적극적으로 교류하고 나눈다. 그리고 전략적이고 건설적으로 사용하며 자신의 감정을 직시하고 감정의 동요에 익숙해진다.

아울러 감정을 상할까 두려워하지도 않게 된다. 타인을 만나고 접하는 것을 싫어하던 의식 또한 사라진다. 많은 사람들 앞에서 어리석어 보일지도 모른다는 두려움에도 기꺼이 직면한다.

한편 자신의 신체와 본능적 에너지에 대한 느낌이나 체험을 중시하게 되면서 자신감을 되찾는다. 이제 자신이 강하고 능력이 있으며 충만해 있다는 느낌이 정신에서가 아니라 몸의 본능적인 에너지로부터 일어난다. 따라서 통합되어 있는 5유형은 머리에서 나와 자신의 생명력인 신체로 들어감으로써 성장한다.

몸의 느낌을 잘 알 수 있을 때, 오랫동안 억눌려온 내면의 감정을 느낄 수 있다. 이들은 활기가 생기며 분노 같은 자신의 솔직한 감정을 표현하고, 상대방에게 전달한다. 그리고 돌발적인 사태에도 정면으로 대처한다. 우선 생각을 해 보아야 한다고 하며 경직되거나 상황을 회피하지 않게 되는 것이다.

5유형은 자신을 지성과 동일시하고 있음을 인식하고 그 집착을 버렸을 때 8유형의 건강한 자질이 자연스럽게 표출됨을 기억하자.

# 6유형: 평화주의자형을 지향하기

6유형은 9유형으로 지향해야 한다.

자아실현의 방향인 9유형의 성숙방향으로 향하게 되면 6유형은 담대해지고 마음이 평안해진다. 그리고 상황을 다각도로 볼 수 있는 힘과 타인에 대한 수용력이 생기게 된다.

이들은 더 이상 자신을 입증하거나 타인으로부터 보호받아야 한다는 생각을 하지 않는다. 더욱 자신감이 생기고 인생에 대해 매우 긍정적이 될 수 있다.

이들은 타인을 수용하고 지지해주면서 자신의 불안과 부정성을 극복한다.

6유형은 근본적으로 '도움이나 안내를 받지 못하는 것'에 대한 두려움을 갖고 있다. 이 두려움을 버릴 때, 이들은 자기의 선택에 책임을 지며 내적 확신을 가질 수 있다. 그리하여 더 독립적이고 더 자기를 존중하게 된다.

두려움이 많고 비관적이던 6유형은 건강한 9유형처럼 긍정적이고 편안해진다. 그리고 9유형의 본능중심의 성향을 활용하여 신체를 통해 체험되는 것에 주의를 기울임으로써 지금, 여기에 현존한다. 또한 끊임없이 일어나고 있는 생각이나 상상을 멈출 수 있다. 더불어 뱃심을 가지고 상황을 거리를 두고 바라봄으로써 더 넓은 시야로 사물을 바라본다. 이로써 많은 일들을 심각하게 받아들이지 않고 억눌려 있던 활력을 발휘한다.

아울러 외부의 자극과 자신의 불안에 과잉반응하지 않고 스스로의 내면에 머물러 있는 것을 배우게 됨으로써 내면의 존재로부터 생성된 안정감을 느낀다. 이러한 안정감으로부터 이들은 모든 인간을 연결해 주는 공통적인 유대감을 인식한다.

내면의 안정감과 살아 있는 모든 것들과 깊이 연결되어 있는 것을 느낌으로써 이들은 진정한 용기를 가질 수 있다. 그럴 때 비로소 자기 자신을 믿는다. 그리고 타인으로부터 안전감을 획득하려고 강박적으로 노력하던 것을 멈춘다. 동시에 그들 자신에 대해 의심과 감시를 해 왔던 것도 멈추고 편안히 쉴 줄 알게 된다.

고난과 위험이 닥쳤을 때도 평화롭고 균형 잡힌 마음을 유지하면서 대처할 수 있다. 또한 지나치게 조심하지 않으면서도 상황에 능숙하게 대처하는 자신을 발견하게 된다. 안심하고 세파의 흐름에 자신을 맡길 수 있는 믿음이 생기는 것이다.

이들은 '나는 편안하고 안전하다.'는 자신감으로 긴장을 풀고 걱정 근심을 털어낸다.

자아실현의 방향으로 향한 6유형들은 타인의 감정을 있는 그대로 이해한다. 또한 사람을 의심하지 않으며 자립적이고 단호한, 믿을 수 있는 사람이 된다. 아울러 싫은 사람이나 싫은 상황도 편안하게 받아들인다. 그리고 사람들에 대해서 최상의 것을 믿고 지원하게 되며, 자신의 것을 투사하지 않는다. 또한 긍정적인 방향으로 자신의 상상력을 활용한다.

한편 규칙과 법률을 융통성 있게 받아들이게 되며 동시에 자신의 성공 가능성을 높게 상정하고 적극적으로 사고한다.

# 7유형: 관찰자형을 지향하기

7유형은 5유형으로 향해야 한다.

자아실현의 방향인 5유형의 성숙방향으로 향한 7유형들은 어떤 일이든 진지하게 개입하며 주변 환경 속에서 단순히 소모하는 존재가 아니라 공헌하는 존재가 된다. 그리고 새로운 일과 경험들을 하지 못하면 행복이 사라져버릴 것이라는 두려움에서 벗어나 진정한 만족을 주는 자원들을 발견한다. 또한 자신이 선택한 일들에 집중하게 되고 인내력과 책임감이 생긴다.

7유형은 근본적으로 '자신이 가진 것을 박탈당하거나 고통에 빠지는 것에 대한 두려움'을 갖고 있다. 이 두려움을 버릴 때, 인생의 기쁨과 슬픔을 균형 있게 유지하고 받아들이며, 문제에 직면할 수 있게 된다. 욕구를 자제하지 못하고 산만했던 7유형들은, 긍정적인 5유형처럼 집중력이 생기고 깊이가 있어진다.

이들은 빠르게 돌아가는 마음의 활동을 늦추고 고요해지는 법을 배움으로써, 모든 것을 깊이 있게 받아들이게 되고 현실에 머물 수 있다. 스스로 현실에 머물 수 없었던 이유가 자신들이 회피하는 고통과 박탈감이 의식으로 떠오르는 것이 견딜 수 없었기 때문임을 알게 된다. 그렇게 되면 고통에 충분히 머물러 있을 수 있는 힘이 생긴다.

또한 더 이상 별난 경험을 지속적으로 찾아다니는 데 집착하지 않는다. 현재 처한 상황에서 자신의 경험을 충분히 느끼고 경이로움을 발견한다. 즉, 관찰력을 발휘하여 현명하며 침착하고 분별력이 있으며 사려 깊고 객관적으로 되는 것이다.

이들이 고요하고 집중된 마음을 계발하여 마음을 가라앉히고 내면의 불안을 견디는 법을 배울 때, 점차적으로 마음속에 명확함과 통찰이 생긴다. 따라서 어떤 경험이 자신에게 정말로 가치가 있는 것인지를 분별할 수 있게 되고 무엇을 해야 할 것인지를 알게 된다. 더 이상 이들은 잘못된 선택을 할까 봐, 최선을 놓치게 될까 봐 불안해하지 않는다.


통합된 7유형들은 현실에 기반을 두고 차분하고 착실하게 매사를 처리해 나간다. 일을 스스로 맡아서 책임지고 끝까지 해낸다. 그리고 사회나 인간관계의 복잡한 구조를 파악하기 위해 심사숙고한다. 진지한 모습을 보이게 되므로 주위 사람들도 그들을 진지하게 받아들인다.

또한 상대방의 입장에 서서 일을 진행시켜 나갈 수 있다. 동시에 삶의 양극단, 선과 악, 행복과 슬픔을 담담하게 수용한다. 마찬가지로 자신이 두려워하고 있는 것을 직시하고 인정한다. 그리고 결과가 좋든 싫든 그대로 받아들인다.

# 8유형: 배려자형을 지향하기

8유형은 2유형으로 지향해야 한다.

자아실현의 방향인 2유형의 성숙방향으로 향한 8유형은 자신의 이익과 지위를 강화하는 대신 이웃을 관대하게 배려하고 보살피게 되며 타인의 행복에 관심을 갖게 된다. 이들은 더 이상 환경을 공격적으로 지배하지 않는다. 그리고 자신의 감정에도 솔직해지며 친밀감을 형성할 수 있는 능력이 생기게 되어 타인들의 사랑과 헌신을 이끌어 낼 수 있다.

8유형은 근본적으로 '다른 사람에게 해를 입거나 통제 당하는 것'에 대한 두려움을 갖고 있다. 이 두려움을 버릴 때, 8유형은 다른 사람들에게 마음을 열고 배려할 수 있다. 그러면 욕망이 강하고 남을 통제하던 8유형이, 긍정적인 2유형처럼 남을 보살피고 따뜻한 마음을 갖게 된다.

이들은 건강한 2유형이 하는 방식으로 다른 사람들에게 자신을 드러내는 방법을 배우게 되어 자신을 실현하고 건강해질 수 있다.

물론 처음에는 연약함에 대한 두려움을 느낄 것이나 이 두려움을 인정하게 되면 자신의 섬세한 감정을 더 편안하게 받아들일 수 있다.

이를 위해서는 자신이 얼마나 사람들을 아끼고 있는지를 스스로의 가슴과 연결되어 느낄 수 있어야 한다. 많은 8유형들은 아이들이나 동물에 대한 사랑을 통해서 이러한 자신의 모습을 발견하기도 한다. 즉 아이들과 동물에게는 자신의 방어기제인 부인기제를 내려놓게 됨으로써 내면의 부드러움이 표면으로 올라오도록 허용하는 것이다.

이들의 내면에는 자신을 보호하겠다는 결정을 내린 연약한 어린아이가 있다. 이 어린아이는 다시 세상과 연결될 기회를 기다리고 있다.

통합된 8유형은 다른 사람들에게 마음을 터놓고 자신의 여린 모습도 드러낸다. 정이 깊어지고 상냥하며 부드러워진다. 그리고 다른 이들의 가치와 재능에 대해서도 인정한다. 아울러 다른 사람들의 말에 귀를 기울이고 그들의 행복에 많은 관심을 나타낸다. 동시에 자신 안에 있는 순수한 마음을 사랑하게 되며, 더 이상 다른 사람들을 지배하려 하거나 자신을 화나게 하는 것을 찾아다니지 않는다.

마찬가지로 흑백논리에도 사로잡히지 않는다. 또한 자신 안에 큰 힘이 있음을 깨닫게 되지만 이를 남을 지배하는 것이 아니라 돕고 보호하기 위해 사용해야 함도 알게 된다.

이들은 다른 이들도 독립적이고 강력해질 수 있도록 돕는다. 또한 행동하기에 앞서 먼저 생각한다. 그리고 자신의 자아경계와 한계를 인식하므로 상대방을 존중할 줄 알게 된다.

2유형의 성숙점을 통합할 때 이들은 스스로를 보살피는 법을 배우고 연약함을 받아들여 더 건강해지고 더 편안해진다. 또한 과도한 식욕이나 강렬함에도 빠지지 않는다. 이들이 자신을 남들로부터 방어하려는 집착과 피해를 입을지도 모른다는 두려움을 놓을 수 있을 때 마음이 따뜻한 사람으로 변화되어질 수 있다.

생존에 대한 집착으로부터 벗어난 8유형들은 사람들에게 영감을 주며 더 높은 목적을 추구해 가는 영웅과도 같은 지도자가 된다.

# 9유형: 성취가형을 지향하기

9유형은 3유형으로 지향해야 한다.

자아실현의 방향인 3번의 성숙방향으로 향할 때 9유형들은 주의력이 높아지고 자기 확신이 생기며 그들 자신과 재능들을 발전시키는 데 흥미를 갖게 된다.

이들은 내적 동기유발이 되면서 보다 의욕적으로 자신의 삶에 뛰어 들어 활기찬 삶을 산다. 그러면서 누군가를 의지하며 살아야 한다는 의식을 더 이상 갖지 않고 자신의 모습을 찾아 꿋꿋하고 강한 인물이 된다.

9유형은 근본적으로 '자기 혼자 떨어져 나가는 것'에 대한 두려움을 갖고 있다. 이 두려움을 버릴 때, 자신에 대해 당당해지고 자신감이 생기며 적극적으로 살 수 있다.

느리고 나태했던 9유형이 긍정적인 3유형처럼 자신을 계발하고 에너지가 많아진다. 성숙의 방향으로 향할 때 9유형은 자신의 본질적인 가치를 인식하게 된다. 그리고 '자신을 특별할 것이 아무것도 없는 사람'이라고 생각하던 것에서 벗어나 자신감을 갖는다. 그렇게 될 때 자신의 잠재력을 계발하기 위해 노력하고, 세상에 자신을 드러내고 자신이 무엇을 가지고 있는지를 다른 사람들에게 알린다.

이들이 자신을 실현하는 데 있어서 가장 큰 장애는 게으름으로 빠져드는 것이다. 이들은 무엇인가 자신에게 좋은 것을 하려 할 때마다 몸의 에너지가 없어지면서 신체적으로 무거움이나 졸림을 느낀다. 그러나 성숙방향으로 나아갈 때 이들은 자신의 에너지가 증가되어 감을 느끼고 활력을 되찾을 수 있다.

이들이 자신의 가치를 인식하게 되어 자신을 알리게 되면, 다른 사람들도 이들의 가치를 더욱 잘 알게 될 것이다. 원래 9유형을 사람들이 좋아하기 때문에 3유형 방향으로 통합된 9유형의 주변에는 따르는 사람들이 많아진다. 그리고 이들이 본능중심의 활력을 되찾게 되면 다른 사람들에게도 힘을 실어준다. 또한 가슴으로부터 사랑이 흘러나와 세상을 치유하게 된다.

이들은 자신의 재능을 결코 자신을 위해 사용하지 않고 이웃을 위해 사용한다.

통합된 9유형은 우선 처음에는 주변의 작은 일부터 결단을 내리고 실행에 옮긴다. 그리고 에너지가 증가하여 자기발전과 성장을 위한 활동을 적극적으로 한다. 일에 대한 집중력이 높아져서 보다 더 효율적으로 일을 잘해 낸다. 또한 다른 사람의 평가에 의해 좌우되지 않는다.

가족, 친구, 가정 등의 의존에서 벗어나 자력으로 자신의 지위를 획득한다. 동시에 자신의 감정을 들여다보고 주위 사람들에게 애정을 얻으려는 욕구를 인식하게 된다. 또한 자신을 존중하고 성실하게 대해주길 원하며 요구할 수 있다.

마찬가지로 자신이 추구하는 즐거움, 행복, 평화를 찾고 또 이를 즐긴다. 필요할 때, 이들은 공격적으로 되지 않으면서도 자기주장을 할 수 있다. 즉 내면의 저항을 극복하게 되면서 환경에 더 잘 적응하고 능동적으로 순응하게 된다.[9]

이렇듯 아홉 가지 유형 모두 성숙점을 잘 통합할 때 각 유형이 가지고 있는 연약함을 극복하고 나다운 모습으로 빛나고 아름답게 설 수 있다. 각 유형이 가지고 있는 연약함을 극복하는 데는 내 안에 있는, 성숙점의 장점이 반드시 필요하기 때문이다. 따라서 반드시 그 장점이 내 성격 안으로 통합되어야 한다. 즉 나답게 살기 위해, 내가 나아가야 할 길은 나의 성숙점을 통합하는 길이다. 성숙점을 통합하는 길은 늘 성숙점 방향을 지향함으로써 가능하다.

이제 나의 자아실현의 방향과 그 방향으로 지향했을 때 구체적으로 어떤 모습인지를 알았다. 그렇다면 이 방향으로 지향하기 위해서는 어떻게 해야 할까? 어떻게 하면 내게 꼭 필요한 나의 성숙점의 좋은 점이 통합될 수 있을까? 3부에서 그 방법을 논의할 것이다.

---

9) the EnneaGram 나를 찾아 떠나는 여행, 황애란(미간행) 참조.

# 제 3 부

# 자아실현(나다움)으로 가기 위한 수련법

6장에서 우리는 자아실현의 방향으로 나아갈 때 어떤 모습이 되는지를 자세하게 살펴보았다. 이제 그 방향으로 가기 위해 실천할 수 있는 구체적인 방법을 논의할 것이다.

자아실현의 방향, 즉 자신의 성숙방향으로 가고자 마음먹었을 때 마음먹은 그대로 된다면 얼마나 좋을 것인가! 그러나 그게 쉽지가 않다. 그러나 희망적인 것은 성숙방향의 자질이 내 안에 고스란히 있다는 점이다.

성숙방향으로 향한다는 것은 성숙방향의 유형을 흉내 내거나 애써 모방하는 것이 아니다. 그렇게 하면 오히려 자신의 부족한 면을 보고 좌절하기가 쉽다. 그리고 포기하게 된다. 성숙방향으로 향한다는 것은 내 안에 이미 있는 자질을 끌어올려 내 성격에 통합하는 것이다.

그러한 통합을 위해서 저자는 두 가지 방법을 제시한다. 곧 스스로를 코칭하는 셀프코칭(7장)과 성숙점의 행동패턴을 지향하기(8장)이다.

셀프코칭은 스스로가 코치가 되어 자신을 코칭하는 것이다. 스스로 질문하고 그 질문에 대한 답을 스스로 찾아가는 과정이 셀프코칭이다. 그런 과정을 통하여 자신을 성찰하고 자신에 대한 인식을 넓힐 수 있다. 그리고 자기유형의 한계를 극복하고 성숙방향으로 나아갈 수 있다.

그리고 보다 더 직접적이고 강력한 방법은 성숙점의 행동패턴을 지향하기이다. 에니어그램에서는 세 가지 행동패턴을 말하고 있다. 즉 주장하기, 다가가기, 물러서기이다. 모든 유형은 이 세 가지 중 하나의 행동패턴이 익숙하고 편안하다. 이렇게 익숙하고 편안한 자신의 행동패턴으로부터 성숙점의 행동패턴으로 지향해 있을 때 내 안에 있는 성숙점의 좋은 점이, 힘들여 의식적으로 노력하지 않아도 자연스럽게 통합된다. 신기한 일이다.

그럼에도 불구하고 자신에게 편안한, 자신의 행동패턴에서 성숙점의 행동패턴으로 지향하는 것이 또한 쉽지 않다. 그래서 그를 위해 손쉽게 실천할 수 있는 수련법을 이어서 제시할 것이다. 이 수련으로 인해 행동패턴이 저절로 변화될 것이다. 이 수련은 특별히 시간을 내거나 특정한 장소에 가서 하는 수련이 아니라 현재 있는 자리에서 마음으로 실천하는 간단한 수련법이다. 이 수련을 통해 나의 행동패턴에서 성숙점의 행동패턴으로 지향하여 내 안에 있는 성숙점의 좋은 점을 수월하게 통합할 수 있다. 그리고 보다 성공적이고 생산적으로 삶을 살아갈 수 있다. 무엇보다 내가 내 삶의 주인이 되어 나답게 살 수 있다.

# 7장

# 에니어그램 셀프코칭

먼저 이 장에서는 셀프코칭에 대해서 알아보고 더 나아가서 성숙점의 통합을 위한, 내게 맞는 셀프코칭 질문들을 살펴보자.

# 코칭이란

셀프코칭이 무엇인지 말하기 전에 우선 코칭이 무엇인지 그 정의를 몇 가지 살펴보면 다음과 같다.

코칭은 사람들이 관심사나 재능, 환경 그리고 잠재력과 관련해서 효율적으로 스스로 주도하고 관리하는 방법을 배우도록 지원하는 상호적이면서도 집중된 훈련방식이다.

— 이언 맥더모르와 웬디 제이고

라이프 코칭이란 고객들(코칭받는 사람)과 그들의 잠재된 성취 사이에 가로막고 있는 방해 요인들을 제거하는 것이다.

— 컬리 마틴

전문적 코칭이란 사람들의 인생, 경력, 비즈니스 혹은 조직에 탁월한 결과를 가져오도록 사람들을 돕는 지속적인 관계를 말한다. 코칭을 통하여 고객(코칭받는 사람)들은 그들의 학습을 심화시키고 그들의 업무를 개선함으로써 삶의 질을 높인다.

**— 세계적인 코칭기관 I.C.F**

코칭은 코치 이(코칭받는 사람)가 현재 상태에서 원하는 상태로 나아가고 도착하도록 코치가 지원하는 동기부여와 격려의 예술이다.

**— 선종욱**

간단히 말해서 코칭은 내가 가진 해결하고 싶은 어떤 이슈에 대하여 질문을 통해 내 안의 답을 찾아나가는 과정이다.

전문코치가 질문을 던지고 코치 이(코칭을 받는 사람)는 스스로 그 질문에 대한 답을 찾아나간다. 답은 내 안에 있기 때문이다.

이러한 과정을 통해 가로막고 있는 장애를 극복하여 원하는 목표에 도달한다. 코칭과정에서 코치는 경청과 피드백, 인정, 축하 등으로 코치 이를 지지한다. 따라서 셀프코칭은 자신이 자신을 코칭하는 것이다. 즉 자신이 코치가 되어 자신에게 질문을 던져서 스스로 답을 찾아나가는 과정이 곧 셀프코칭이다.

코칭의 패러다임은 다음 그림과 같다.

gap에는 수많은 장애물이 존재한다. 환경적 장애물이 있고 코치이의 내면에 잠재된 내면의 장애물이 있다. 이 장애물은 질문을 통해 얻은 해결방법을 실행함으로써 넘어갈 수 있다. 그리고 마침내 원하는 상태(목표)에 도달한다. 그러므로 코칭에서는 실행이 무엇보다 중요하다.

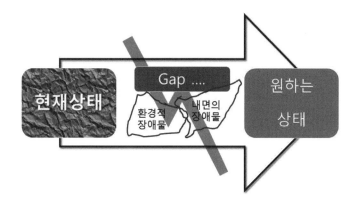

코칭을 받는 것도 동기유발을 위한 것도 있지만 목표에 도달하기 위한 실행방법을 찾는 데 있다. 그러나 에니어그램 셀프코칭에 있어서는 실행방법을 찾는 것 이상으로, 질문을 통해 자신을 탐색하여 통찰을 얻고 자기인식을 넓히는 것이 중요하다. 확대된 자기인식을 가지고 자신의 성격의 한계를 벗어나서 성숙점을 지향할 수 있기 때문이다.

# 각 유형별 셀프코칭 질문

에니어그램 셀프코칭 질문은 단순히 자기성찰질문과 조금 다르다.

에니어그램 셀프코칭 질문이나 자기성찰질문이나 모두 스스로를 돌아보고 탐색한다는 점에서는 같다. 그러나 성찰질문은 대체로 '예, 아니요.'로 대답하게 되는 닫힌 질문인데 비해 셀프코칭 질문은 다양한 답이 가능한 열린 질문이다.

예를 들어 1유형이 할 수 있는 성찰질문으로 "내 생각만 옳다고 느끼고 독선적으로 행동했는가?"라는 질문이 있다. 이 질문을 코칭 질문으로 바꾸어보면 "내 생각만 옳다고 느끼고 계속 독선적으로 행동한다면 어떻게 될 것인가?"이다.

앞의 성찰질문은 '예, 아니요.'로 답하게 되는 닫힌 질문이다. 한편 뒤의 셀프코칭 질문은 다양한 답이 가능한 열린 질문이다.

이렇듯 코칭 질문은 열린 질문이어야 한다.

이제 내가 코치가 되어 나를 코칭하기 위한, 즉 셀프코칭을 위한 셀프코칭 질문들을 살펴보자. 이 질문들은 각 유형의 특성을 고려

한, 해당 유형만을 위한 질문들이다.


## 1유형

① 내 생각만 옳다고 느끼고 계속 독선적으로 행동한다면 어떻게 될까?

② 화가 났을 때 화가 난 내 모습이 타인의 눈에는 어떻게 보일까?

③ 수시로 올라오는 분노를 건강하게 처리할 수 있는 방법으로 어떤 게 있을까?

④ 일관성과 융통성을 조화롭게, 균형 있게 가지면 내 삶의 어떤 면이 좋아질까?

⑤ 나와 타인의 실수를 인정하고 받아들인다면 일과 관계는 어떻게 달라질까?

⑥ 칭찬을 자주 한다면 대인관계에서 어떤 점이 좋아질까?

⑦ 해야 한다는 당위성으로 일상을 사는 무거움에서 벗어나 삶을 좀 가볍게 할 수 있으려면 어떻게 하는 것이 좋을까?

⑧ 꼼꼼하고 나 자신에게 철저한 나의 장점을 활용하여 지금 당장 해볼 수 있는 일이 있다면 무엇일까?

⑨ 나에게 완벽한 것이 왜 그렇게 중요할까?

⑩ 나는 언제 강박적이 되는가?

⑪ 타인과 나에게 거는 기대치를 조금 낮추면 어떤 일이 일어날까?

⑫ 항상 심장을 열고 인생을 산다면 내 삶이 지금과는 어떻게 달라질까?

## 2유형

① 다른 사람에게 쏟는 에너지 중 얼마 정도를 나에게 쏟으면 내 삶의 어떤 점이 좋아질까?

② 나는 '아니요.'라고 말하는 것이 왜 그렇게 어려울까?

③ 나의 욕구와 감정을 부정하지 않고 인정한다면 내 삶은 어떻게 달라질까?

④ 하루에 한 시간 나를 위한 시간을 갖는다면 어떤 결과가 있을까?

⑤ 프로젝트에 헌신적인 나의 장점을 활용하여 업무를 보다 효율적으로 할 수 있는 방법으로 어떤 것이 있을까?

⑥ 감정이 크리스털처럼 깨어질 때 바로 알아차리고 마음의 평정을 찾을 수 있는 나만의 방법을 찾아본다면?

⑦ 소그룹 같은 모임에서 주목받지 못할 때 힘든 나의 감정을 어떻게 극복할 수 있을까?

⑧ 감사의 보상을 기대하지 않고 다른 사람을 위해 애쓰면 나는 어떻게 성장할까?

⑨ 나는 왜 그렇게 타인에게 꼭 필요한 사람이 되고 싶을까?

⑩ 관계 외에 나에게 중요한 것은 어떤 것들이 있을까?

⑪ 사랑하는 이들이나 중요한 타인과의 경계선을 어떻게 설정하면 좋을까?

⑫ 내가 관계나 일에서 뚜렷한 주관을 갖는다면 관계나 일은 어떻게 달라질까?

**3유형**

① 다른 사람들의 눈에 잘 보이려고 계속해서 거짓 모습을 꾸며 보인다면 어떻게 될까?

② 일 처리를 우선시하여 나 자신이나 타인의 감정을 무시하고 밀어붙이면 어떻게 될까?

③ 나에게 있어서 성공이란 어떤 의미일까?

④ 나는 실패를 인정하는 것이 왜 그렇게 어려울까?

⑤ 에너지가 많고 타인의 마음을 잘 읽는 나의 장점을 불편한 관계의 동료에게 적용해보면 어떻게 달라질까?

⑥ 유능하게 효율적으로 일하는 나의 장점이 지나쳐 잃은 게 있다면 무엇이 있을까?

⑦ 나 자신에게 조금만 더 진실하고 솔직해진다면 나는 어떻게 성장할까?

⑧ 업무 이외의 다른 즐거움을 찾아본다면 무엇이 있을까?

⑨ 나는 다른 사람의 인정이 왜 그렇게 중요할까?

⑩ 결과를 위해서 수단과 방법을 가리지 않는다면 사람들은 나를 어떻게 생각할까?

⑪ 내가 이룬 성과들 외에 나의 가치는 무엇일까?

⑫ 나의 페르소나(역할가면)를 벗고 나면 나는 누구일까?


**4유형**

① 감정의 균형을 이루고 객관성을 유지하려면 어떻게 하는 것이 좋

을까?

② 내가 너무 불쌍하고 우울해서 계속 절망에 빠져 있다면 어떻게 될까?

③ 어떻게 하면 시기와 갈망을 불러일으키는 내 안의 결핍감을 극복할 수 있을까?

④ 다른 사람과 비교하여 부러워하는 감정을 어떻게 극복할 수 있을까?

⑤ 일상생활이 무미건조하게 느껴질 때 나만의 창조성으로 어떻게 활력을 불어넣을 수 있을까?

⑥ 나의 강점인 개성적인 문제해결 능력을 지금 하고 있는 일에 적용한다면 어떤 점이 개선될까?

⑦ 나의 삶 자체를 예술로 만들려면 무엇을 더하고 무엇을 덜해야 할까?

⑧ 내가 하고 있는 일에 계속해서 탁월함을 추구하면 10년 뒤에는 어떻게 되어 있을까?

⑨ 홀쩍 어디론가 떠나고 싶은 나의 성향을 긍정적으로 사용한다면 내 삶의 어떤 면이 좋아질까?

⑩ 독특하다는 것은 내게 어떤 것이며 왜 그것이 중요할까?

⑪ 나의 판타지 세계에서 나와서 현실에 깊게 뿌리를 내리려면 구체적으로 어떤 행동을 하면 좋을까?

⑫ 갈망에서 벗어나 내게 주어진 행복을 알아차리면 나는 어떻게 성장할까?

**5유형**

① 사람들이 주목하는 상황에 익숙해지려면 무엇을 훈련하면 좋을까?

② 나만의 시간과 공간 속에서 할 수 있는 생산적인 일은 무엇이 있을까?

③ 나의 생각과 감정을 좀 더 표현하면 대인관계는 어떻게 달라질까?

④ 나의 시간이나 에너지, 자원을 다른 사람들과 기꺼이 나누면 무엇이 좋아질까?

⑤ 계속해서 준비만 하면서 어떤 일에 적극적으로 뛰어들지 않으면 10년 뒤 나는 어떤 모습일까?

⑥ 생각을 절제하고 몸을 좀 더 움직인다면 무엇이 달라질까?

⑦ 나의 장점인 뛰어난 이해력, 분석력, 통찰력으로 할 수 있는 일은 무엇이 있을까?

⑧ 친밀함을 추구하는 모임에도 나가는 등 보다 사람들과 활발하게 어울리면 어떤 좋은 점이 있을까?

⑨ 냉소적이거나 허무주의적인 성향을 어떻게 극복할 수 있을까?

⑩ 세상으로부터 물러서 있지 않고 좀 더 주장적이 된다면 어떤 모습일까?

⑪ 다른 사람들의 마음을 어떻게 하면 좀 더 공감할 수 있을까?

⑫ 내 관심분야 외 일상생활에도 관심을 가진다면 무엇이 좋아질까?

**6유형**

① 흑백논리와 정해진 틀을 벗어나면 어떻게 될까?

② 적절한 시점에서 생각을 멈추고 행동하면 무엇이 좋아질까?

③ 불안과 스트레스가 쌓이지 않도록 하는 나만의 방법을 생각해 본다면?

④ 내 머릿속에 있는 걱정을 글로 적어보면 어떨까?

⑤ 나의 목표를 이루기 위해서 어떤 노력을 하면 좋을까?

⑥ 삶에서 부정적인 면보다 긍정적인 면을 본다면 내 삶에 어떤 영향을 미칠까?

⑦ 실질적이며 전략적인 사고를 하는 나의 장점을 잘 활용하면 어떤 유익이 있을까?

⑧ 두려운 생각에 사로잡혀 아무 일도 시도하지 않으면 10년 후 나는 어떤 모습일까?

⑨ 객관적으로 판단하지 않고 내 기준을 고집한다면 대인관계나 일에 어떤 영향을 미칠까?

⑩ 나의 미래를 위해 준비한다면 지금 무엇을 해야 할까?

⑪ 나 자신의 결정을 신뢰한다면 나는 어떻게 성장할까?

⑫ 내가 속해 있는 안전지대를 벗어나 모험을 한다면 내 삶이 어떻게 변화될까?


**7유형**

① 시작한 일을 중간에 포기하지 않고 끝까지 해내면 무엇이 좋아질까?

② 낙천주의가 주는 장점은 무엇이고 단점은 무엇일까?

③ 고통을 회피하지 않고 그것을 받아들인다면 나는 어떻게 성장할까?

④ 매사에 책임감 있게 행동하려면 무엇을 다르게 해야 할까?

⑤ 나의 열정을 어디에 쏟으면 성공적인 삶이 될까?

⑥ 금방 싫증을 내는 나의 성격을 극복하고 끈기를 가지면 내 삶에 어떤 영향을 미칠까?

⑦ 어떤 일이 잘못되었을 때 합리화를 하여 빨리 빠져나오는 대신 머물러 성찰하면 무엇을 얻을 수 있을까?

⑧ 싫어하는 일을 하지 않으려고 온갖 이유를 둘러대면 관계는 어떻게 될까?

⑨ 여러 가지 일을 한꺼번에 시도하면 어떤 점이 좋고 어떤 점이 나쁠까?

⑩ 계속해서 계획을 세우는 것을 절제하면 어떤 유익이 있을까?

⑪ 내가 원하는 진정한 행복은 어떤 것일까?

⑫ 정신을 고요하게 하여 물러서기를 한다면 내게 어떤 일이 일어날까?


**8유형**

① 타인의 말을 끝까지 귀 기울여 들으면 어떤 점이 좋을까?

② 다른 사람을 지배하려고 하거나 지나치게 주도적이 되면 사람들은 나를 어떻게 대할까?

③ 좀 더 마음을 부드럽게 하여 사람들에게 다가가면 나는 어떻게

성장할까?

④ 나의 장점인 강력한 카리스마를 어떻게 하면 잘 활용할 수 있을까?

⑤ 나의 약점이나 여린 감정들을 인정한다면 어떻게 될까?

⑥ 힘의 논리가 아닌 사랑의 논리로 상황을 파악하면 무엇이 달라 질까?

⑦ 내가 생각하는 정의의 기준은 무엇일까?

⑧ 다른 사람들의 감정을 좀 더 공감하면 관계는 어떻게 달라질까?

⑨ 믿을 만한 사람에게 나의 문제를 허심탄회하게 이야기하면 무엇 이 좋아질까?

⑩ 나 자신이나 내게 속한 사람을 보호하는 것에 왜 그렇게 집착할까?

⑪ 나에게 맞는 사랑의 실천법은 어떤 게 있을까?

⑫ 항상 심장을 열고 산다면 내 삶이 지금과는 어떻게 달라질까?


**9 유형**

① 확고한 신념으로 목표를 설정한다면 내 삶은 어떻게 달라질까?

② 갈등을 적극적으로 해결하지 않고 피하기만 하면 어떤 결과가 될까?

③ 자기비하를 버리고 나의 가치를 인정한다면 나는 어떻게 성장할 까?

④ 나에게 있어서 평화가 왜 그렇게 중요할까?

⑤ 내 의견을 말하지 않고 타인이 하자는 대로 하면 나는 어떤 사람 으로 받아들여질까?

⑥ 일을 미루지 않고 제때에 하면 무엇이 달라질까?

⑦ 다각도로 상황을 바라볼 수 있는 나의 능력을 일이나 대인관계에 활용한다면 무엇을 다르게 할 수 있을까?

⑧ 나의 수동공격적인 성향을 극복할 수 있는 방법은 어떤 게 있을까?

⑨ 나를 좀 더 적극적으로 표현하면 대인관계는 어떻게 달라질까?

⑩ 타인의 욕구보다 나의 욕구를 먼저 알아준다면 나에게 어떤 변화가 생길까?

⑪ 어떤 상황에서도 타인의 장점을 발견하는 나의 좋은 점을 좀 더 적극적으로 관계에 적용하려면 어떻게 할까?

⑫ 항상 이완하여 몸과 깊게 만나면 나는 어떻게 변화할까?


이상으로 각 유형별로 셀프코칭 질문 12가지를 소개했다. 모두가 쉽게 답할 수 없는 깊이 생각해보게 하는 질문들이다.

이 모든 질문을 다 적용하지는 않더라도 내게 특별히 와 닿는 질문들을 선택하여 그 답을 찾아보자!

의식이 확장되고 자신과 자신의 삶에 대한 많은 통찰이 일어날 것이다. 그리고 다양한 답을 발견하여 성장할 수 있을 것이다. 질문 하나로 내 삶이 바뀔 수 있기 때문이다.

# 8장

## 나의 수련법

자아실현의 방향은 내 유형의 성숙점의 긍정적인 특성을 통합하는 데 있다고 하였다. 이러한 성숙점의 긍정적인 특성이 내 안에 있기 때문이라고 했다. 그러한 통합을 위해서 필자는 두 가지 방법을 제시하였다. 곧 스스로를 코칭하는 셀프코칭과 자신의 행동패턴에서 성숙점의 행동패턴으로 지향하기이다.

셀프코칭은 앞 장에서 살펴보았다,

이제 이 장에서는 성숙점의 행동패턴으로 지향하는 것에 대해 생각해보자. 그러기 위해 먼저 각 유형의 행동패턴에 대해서 살펴보겠다. 그런 뒤 행동패턴을 성숙점 행동패턴으로 지향하는 것에 대해 알아보고, 그리고 행동패턴의 변화 또한 쉽지 않다면 행동패턴을 변화하기 위해 손쉽게 실천할 수 있는 수련법을 이어서 제시할 것이다.

앞에서 언급한 대로 이 수련은 특별히 시간을 내거나 특정한 장소에 가서 하는 수련이 아니다. 현재 있는 자리에서 마음으로 실천하는 간단한 수련법이다. 그렇기 때문에 언제나 손쉽게 실천할 수 있어서 강력하다.

# 행동패턴

먼저 각 유형의 행동패턴을 보면, 아래의 그림에서 보는 것처럼 여기에 세상과 사람이 있다고 한다면, 세상과 사람을 향해 주장하는 유형이 있다.

1, 3, 8유형이 이에 해당한다.

다음으로 세상과 사람을 향하여 다가가는 유형이다.

2, 6, 7유형이 이에 해당한다.

마지막으로 세상과 사람으로부터 물러서는 유형이다.

**각 유형별 행동 패턴**

4, 5, 9유형이 이에 해당한다.


**1) 주장하는 사람**(세상과 사람을 향하여) 1, 3, 8

이들의 행동패턴은 '주장하기'이다.

상황을 만들어 나가는 사람들로 세상과 사람을 향하여 주장한다.

이들은 상황에 적극적으로 뛰어들고 단순하며 할 말을 직선적으로 한다. 자기주장이 강하고 엄격하면서도 단순하고 의리가 있다. 동시에 강한 리더십과 추진력으로 신속하게 일을 해결하는 능력이 있다. 또한 이들은 목표를 설정하고 그 목표를 이루기 위해 우선순위를 정하고 실천하는 힘이 강하다. 그리고 뒤끝은 없지만 판단이 경솔할 수 있다.

성취한 것을 잘 드러내는 이들은 내면에 무엇이든 잘할 거라는 자신감을 가지고 있어 자신들이 되고자 하는 것을 잘 추구해나간다.

이들은 혼자 있거나 타인과 함께 하거나 다 편안하다.

이들은 자신의 것을 적극적으로 표현할 때 안정감을 갖는다. 하지만 자신의 것이 억압당해 존재 자체에 손상을 입었을 때 삶에서 충만감을 찾을 수 없게 된다.


**2) 다가가는 사람**(세상과 사람을 향하여) 2, 6, 7

이들의 행동패턴은 '다가가기'이다.

세상과 사람을 향하여 다가간다. 따라서 상황을 만드는 주장형들과는 달리 상황에 의존하는 사람들이다.

이들은 따뜻하며 에니어그램 유형 중 가장 편안해 보인다. 자기 의지보다는 상대의 뜻에 잘 순응하고 남들에게 잘 협조하는 공동체적인 사람들이다. 따라서 이들은 자신의 과업에 우선적인 관심을 갖거나 목표 지향적이기보다는 사랑하고 돌봐주는 삶에 관심이 많다.

이들은 명확한 지침이 주어질 때 자신의 역할을 더 잘 수행할 수 있다. 또한 문제가 발생하여 해결하는 과정에서 자신의 의견을 주장하는 것을 어려워한다. 문제점에 대해 강한 입장을 갖지 않기 때문에 문제에 적극적으로 뛰어들어 해결하기보다는 상황에 의존하는 것이다.

### 3) 물러서는 사람(세상과 사람으로부터) 4, 5, 9

이들의 행동패턴은 '물러서기'이다.

세상과 사람으로부터 물러서 있는 이들은 상황을 적극적으로 만들어가지도, 상황에 의존하지도 않고 상황으로부터 물러서 있다. 물러서서 상황에 심사숙고하는 사람들이다.

이들은 고독을 즐긴다. 자신만의 사색과 더불어 홀로 있기를 좋아하는 사람들이다. 그리고 그룹 안에 있다 하더라도 그룹의 활동에 일정한 거리를 둔 채 떨어져 있는 감각을 지닐 수 있다. 심리적으로 뒤로 물러서 관망하거나 관찰하고, 사람들에게 주목의 대상이 되는 것을 그다지 좋아하지 않는다.

대개는 아주 강한 충동을 갖고 있지 않다. 하지만 자신의 인생목표를 초연하게 추구한다.

이들은 자신의 목표를 달성하기 위하여 근원적인 것에 동기를 둔다. 그리고 조용하고 꾸준하게 노력한다. 조용하고 잠잠한 고독 속에서 혼자 있을 때 만족하고 진정한 행복감을 발견하는 사람들이기도 하다. 10)

---

10) "(나와 상대를 찾아가는 여정)에니어그램: 아홉 가지 성격유형", 이안숙, 서울:홍익기획, 2011 참조.

# 성숙점의 행동패턴을 지향하기

위와 같이 에니어그램에서는 세 가지 행동패턴을 말하고 있다. 그리고 하나의 행동패턴에 세 유형이 들어 있다.

이러한 행동패턴을 아는 것이 너무나 중요한 이유는 행동패턴을 의도적으로 성숙점의 행동패턴으로 향하게 되면 내 안에 내재되어 있는 성숙점의 좋은 점이 통합되기 때문이다. 참으로 놀라운 에니어그램의 지혜가 아닐 수 없다. 무엇보다 간단하고 손쉽다.

즉 세상과 사람에게 다가가는 2유형이 그 행동패턴을 세상과 사람으로부터 조금 물러서는 쪽으로 가지게 되면 자신 안에 잠재되어 있는 성숙방향인 4유형 특성의 좋은 점이 통합된다. 그리하여 혼자 있는 시간을 가지며 자기성찰도 하게 되고 자신의 욕구도 잘 돌아보게 된다. 혹은 세상과 사람으로부터 물러서는 4유형이 성숙방향인 1유형의 세상과 사람을 향하여 주장하는 행동패턴으로 의도적으로 향하게 되면 보다 현실적이 되고 실제적이 되며 자기감정에 사로잡혀 있는 데서 벗어나 현실에 뛰어들게 된다.

이처럼 나의 행동패턴에서 내 성숙점의 행동패턴으로 지향하면 내 안의 강점들이 발휘되고, 스트레스 상황이라 하더라도 그 상황을 쉽게 극복할 수 있다. 그리고 내 성숙점의 좋은 점을 자연스럽게 통합할 수 있다.

### 1) 주장하는 사람(1, 3, 8)

이들은 그들의 성숙점 행동패턴인 다가가기를 지향해야 한다.

이들 주장하는 유형들은 스트레스 상황이 되면 평상시의 행동패턴에서 자신의 스트레스 유형의 행동패턴으로 이동하게 된다. 즉 세상과 사람을 향해 주장하던 사람들이 세상과 사람으로부터 물러서는 것이다. 그리고 이것은 의식하지 못한 채 거의 자동적으로 일어난다. 스트레스를 받으면 물러서는 행동을 취하는 것이다.

그러나 이렇게 스트레스 유형의 행동패턴을 취하게 되면 스트레스 유형의 나쁜 점이 통합된다.

그들이 물러서 있을 때 공격형의 창조성은 축소되고 긍정적으로 사용되어야 할 에너지가 부정적이 된다.

이들이 건강하게 스트레스를 이기려면 자신들의 성숙점 행동패턴인 다가가기를 해야 한다. 스트레스 상황이면 더욱 그렇게 해야 하지만(적극적으로 그렇게 하지 않으면 자동적으로 물러서게 되기 때문에) 평상시에도 다가가기로 살짝 향해 있으면 매사가 쉬워지고 편안해진다. 왜냐하면 주장형들은 평상시 다른 사람과 공감대를 형성하지 못할 수 있기 때문이다. 타인에게 다가가고 있다는 감각은 자신의 자기 억제와 충동적인 공격성과 균형을 이루게 해준다.

　주장형인 8유형의 그는 굉장히 활발하게 활동을 하였다. 상황을 만들고 사람들을 동원해서 일을 추진하고 끊임없이 목표를 설정해서 목표를 추구하였다. 한마디로 세상을 향하여 자기주장을 끊임없이 펼치는 것이었다. 그런 그를 모두가 다 좋아할 수는 없고 그의 주장에 모두가 동의할 수는 없다. 그러다 보니 사람이라는 벽에 부딪치면 그는 상처를 받고 좌절하면서 늘 물러서기를 하였다. 자신의 좋은 뜻이 받아들여지지 않는다고 혼자 불평하면서 말이다.

　그러나 이때 그는 물러서기가 아닌 다가가기를 해야 한다. 사람들에게 다가가서 왜 자신의 주장이 받아들여지지 않는지, 어떻게 하는 것이 좋은지, 사람들과 오손도손 도란도란 의논해야 할 것이다. 그리고 사람들과 협력해서 또는 사람들과 관계를 좋게 해서 자신의 주장을 관철해나가야 한다. 그것이 삶을 생산적으로 성공적으로 사는 길이다.

　만약 그가 계속해서 물러서기만 한다면 아무것도 이룰 수 없다.


### 2) 다가가는 사람(2. 6. 7)

　이들은 그들의 성숙점 행동패턴인 물러서기를 지향해야 한다.

　관계 안에서 사람들과 잘 의지하며 지내오던 다가가는 유형들은 스트레스 상황이 되면 사람들에게 주장적이 되는 방향 이동을 한다. 즉 그들의 스트레스 유형의 행동패턴인 주장하기로 이동하는 것이다. 그렇게 되면 다가가는 유형들은 친절하고 사랑스런 본성과는 달리 거칠어지며 신경질적이 된다. 스트레스 상황에서 주장하기로 가서 타인에게 비판이나 비난으로 맞서게 되는 것이다.

따라서 다가가는 유형들은 스트레스 상황일 때 자신의 성숙방향의 행동패턴인 물러서기를 해야 한다.

타인과 밀접하게 의존된 생활을 하는 다가가는 유형은 홀로 있는 시간이 필요하고 분별력과 개성화를 위한 공간을 가질 필요가 있다. 그렇게 하면 의존하던 사람들로부터 거리를 두고 자기의 진정한 모습을 보며 스스로 가치 있음을 깨닫는다. 즉 다가가는 유형은 스트레스 상황일 때 자동적으로 주장적이 될 수 있지만 의도적으로 물러섬으로써 자신과 만날 필요가 있다. 그것이 자신의 성숙점의 좋은 점이 통합되는 길이고 스트레스를 잘 이겨내는 길이다.

필자가 초등학교에 에니어그램 특강을 가서 만난 한 젊은 엄마는 아이를 3명 키우는 30대 중반의 에니어그램 2유형이었다.

올망졸망한 아이 3명을 키우니 얼마나 정신없을지 상상이 된다. 많이 힘들 거 같아서 나는 개인적으로 특별히 관심을 가지게 되었다. 그래서 매사에 항상 조금 물러서 있으라고 조언하였다.

그런 뒤 삼 개월 정도 지나 다시 그 학교에 가서 에니어그램을 강의하게 되었다. 그곳에 지난번 그 2유형의 아이 셋 키우는 30대의 엄마가 또 참석하였다. 에니어그램이 너무 좋아서 다시 듣고 싶어서 왔다고 한다.

그녀는 "선생님께서 조언해주신 대로 매사에 조금 물러서 있었더니 얼마나 편안한지 몰라요."라며 감사해했다.

만약에 그녀가 그렇게 하지 않는다면 그녀는 하루에도 몇 차례씩 아이들 토닥거림에 고함을 지르거나 화를 내며 원치 않게 사랑하는 자녀들에게 상처를 줄지도 모른다.

2유형인 그녀의 행동패턴은 세상과 사람을 향하여 다가가는 것이기 때문에 스트레스 상황에서는 주장적(2유형의 스트레스 유형인 8번의 행동패턴)이 되기 때문이다. 그러면 자신의 스트레스 유형의 부정적인 성향이 올라와 상황을 더 어렵게 만든다. 그러나 행동을 의도적으로 물러서기 하게 되면 성숙점의 좋은 점이 올라와 스트레스를 잘 극복하게 된다.

### 3) 물러서는 사람(4. 5. 9)

이들은 그들의 성숙점 행동패턴인 주장하기를 지향해야 한다.

독립적으로 생각하고 바람직한 목표를 향해 노력하여 발전하는 능력을 지닌 사람들이다. 이들은 스트레스 상황일 때 사람들을 의지함으로써 스스로 파괴된다.

평소의 방식대로 물러서 있는 것이 아니라 자신의 스트레스 유형의 행동패턴인 '다가가기'로 이동하여 지나치게 사람들과의 관계로 나아가며 그들에게 의지하는 것이다.

다른 사람의 의견이 자기 의견보다 크게 느껴지고 그것 때문에 행동하는 데 더 의존적이 된다. 따라서 독립적이면서도 물러서는 이 유형들은 자신들의 성숙점인 주장하기로 향해야 한다. 주장형들처럼 스스로 자기의 생각을 실현하는 기회를 가져야 한다. 이렇게 할 때 타인의 의견에 대해서 자기의 입장을 말할 수 있으며 막상 그렇게 했을 때 사람들의 반응이 그다지 나쁘지 않다는 것을 알게 된다. 그리고 두려워서 미리 움츠려 있었음을 깨닫고 자신감을 가지게 된다.[11]

물러서는 형인 9유형의 그는 젊었을 때 장래가 촉망되는 우수한 젊은이였다.

소위 최고 명문대를 다니면서 사회활동에도 열심이었다. 그런 그가 IMF를 맞아 실직하면서 인생의 최대의 위기를 맞았다.

물러서기 행동패턴인 그는 스트레스 상황에서 세상과 사람을 향해 다가가기를 하였다. 다가가기가 아닌 주장하기로 가야 그 위기를 극복할 수 있었을 텐데 말이다. 결국 삶의 위기를 슬기롭게 극복하지 못하고 말았다.

에니어그램을 알고 난 뒤 그는 회한에 찬 목소리로 이제 이렇게 말한다.

"내가 좀 더 주장하기로 살았더라면, 즉 상황을 만들면서 살았더라면 지금 많은 것을 이루었을 텐데……"라고.


위와 같이 스트레스 상황일 경우에는 물론이고 평상시에도 성숙점 행동패턴을 지향해야 한다. 즉 세상과 사람을 향하여 주장하는 주장형인 1, 3, 8유형은 그들의 성숙점인 7, 6, 2유형의 행동패턴인 '다가서기'로 이동해야 한다.

---

11) "(나와 상대를 찾아가는 여정)에니어그램: 아홉 가지 성격유형", 이안숙, 서울:홍익기획, 2011 참조.

다가서기의 행동패턴을 가진 2, 6, 7유형은 그들의 성숙점 방향인 4, 9, 5유형의 '물러서기'로 이동해야 한다.

그리고 4, 9, 5유형은 역시 그들의 성숙방향유형인 1, 3, 8의 행동패턴 '주장하기'로 이동해야 하는 것이다.

이렇게 성숙방향의 행동패턴으로 지향하는 것이 너무나 중요하다. 그 중요성은 아무리 강조해도 지나치지 않다.

모든 유형은 자신의 성숙점 행동패턴으로 향하는 감각을 '항상' 가지고 있어야 한다. 왜냐하면 행동패턴을 의도적으로 성숙점의 행동패턴으로 향하고 있지 않으면 스트레스 상황에서는 자신의 스트레스점의 행동패턴으로 스스로 의식도 못 한 채 거의 자동적으로 이동하게 되기 때문이다.

앞에서 사례로 든 9유형의 '그'도 그랬다.

이것이 문제다. 편안한 상태에서는 자신의 행동패턴대로 행동하다가도 스트레스 상황이 되면 자신의 스트레스 유형의 행동패턴으로 자동이동하면서 스트레스 유형의 나쁜 점을 통합한다. 이 때문에 우리는 의식적으로라도 성숙점의 행동패턴으로 이동해야 하고, 평상시에도 성숙점 행동패턴으로 향하는 감각을 가져야 하는 것이다. 그렇지 않으면 자신의 능력을 최대한 발휘할 수가 없다.

한편 스트레스 상황에서 성숙점 행동패턴으로 이동하는 것이 마음먹은 대로 되지만은 않는다. 그런데 다행스럽게 이를 용이하게 하는 수련법이 있다. 그리고 그 수련법은 각 유형에 따라 다르다.

이제 각 유형에 맞는 수련법을 알아보자.

# 성숙점의 행동패턴을 지향하기 위한
# 각 유형의 수련법

에니어그램에서는 세 가지 수련법을 이야기하고 있다.

마음을 부드럽게 하기, 정신을 고요하게 하기, 몸에 기반을 두기가 그것이다.

주장하는 유형인 1, 3, 8유형은 '마음을 부드럽게 하기'를, 다가서는 유형인 2, 6, 7유형은 '정신을 고요하게 하기'를, 물러서는 유형인 4, 5, 9유형은 '몸에 기반을 두기'라는 수련을 해야 한다.

이런 수련을 통하여 자기의 성숙점의 행동패턴을 끌어올리게 된다.

### 1) 마음을 부드럽게 하기(가슴을 여는 것) 1, 3, 8

세상과 사람을 향하여 주장하다 보면 마음이 거칠어지고 자기주장을 관철하기 위해서 고집도 부리게 된다. 그런 가운데 사람들과 마찰이 생기면 열려 있던 가슴도 닫힌다.

가슴이 닫혀 있으면 경험에 완전히 뛰어들어 진정으로 사람들과 연결되는 것이 어렵다. 이럴 때 다가가기를 하기 위해서는 마음을 부드럽게 해야 한다.

마음을 부드럽게 한다는 것은 가슴을 여는 것이다. 가슴을 열 때 내 주장을 조금 누그러뜨리고 세상과 사람을 향하여 다가갈 마음이 생긴다. 그래서 주장형들은 자신의 성숙점의 행동패턴인 다가가기를 하기 위해서는 늘 마음을 부드럽게 하는 수련이 필요하다.

마음을 부드럽게 하여 가슴을 여는 것은 주장형인 1, 3, 8을 위한 수련법이다. 크게는 가슴을 열어주는 명상이나 자선 행위를 통해서, 작게는 심호흡을 하며 거칠어진 마음을 부드럽게 다독이며 의식적으로 가슴을 여는 것이 세상과 사람을 향하여 다가가기에 도움이 된다.

### 2) 정신을 고요하게 하기 2, 6, 7

세상과 사람을 향해 다가가는 유형들은 지나치게 다가감으로 인해 평상시 마음이 혼란스러우며 주의가 산만할 수 있다. 따라서 이들은 성숙점의 행동패턴인 물러서기를 해야 한다. 이를 위해서는 정신을 고요하게 할 필요가 있다.

세상과 사람을 향해 다가가다 보면 이 사람 저 사람, 이 일 저 일로 영향을 받고 맞추게 되어 끊임없는 내 마음의 대화에 묶이게 된다.

내 주의가 끊임없는 마음의 대화에 묶여 있다면 내 내면의 지혜는 들을 수가 없다. 이렇게 되면 정신이 복잡하게 되어 급기야는 비명(!)을 지르며 공격적이 될 수 있다.

이런 상태에 도달하기 전에 정신을 고요하게 하고 물러서기를 할 필요가 있다. 정신을 고요하게 하면 물러서진다. 그리고 정신을 고요하게 하면 무엇을 해야 하고 무엇을 하지 말아야 할지 명료하게 알 수 있다. 고요한 정신은 맑고 일관성 있으며 깨어 있는 특성을 가지고 있기 때문이다.

이렇듯 다가가는 유형들의 수련법은 "정신을 고요하게 하기"이다.

정신을 고요하게 하기는 다가가는 형인 2, 6, 7을 위한 수련법이다. 크게는 명상모임이나 영적 메시지를 접하는 것이 좋고 작게는 그 자리에서 심호흡을 하며 마음을 가라앉혀 정신을 고요하게 한다.

### 3) 몸에 기반을 두기(몸으로 느끼기) 4, 5, 9

신체 에너지와 접하는 가장 중요한 방법은 완전히 이완하는 것이다. 완전히 이완하여 매 순간에 몸과 더 깊게 만나는 것은 물러서는 사람들에게 꼭 필요한 수련이다. 그렇게 할 때 세상과 사람을 향하여 주장적이 되기 때문이다. 즉 상황에 수동적인 자세에서 벗어나 좀 더 적극적으로 상황을 만들 수가 있다. 그러기 위해서는 이완하여 몸과 깊게 만나는 것, 곧 몸에 기반을 두어야 한다.

한편 몸에 기반을 두기라든가 몸으로 느끼기라는 말이 어렵다고들 한다. 좀 더 부연 설명해보면 물러서는 사람들은 의식과 몸의 접점이 약하다. 그래서 스트레스나 돌발 상황이 되면 몸을 내팽개치고 의식이 뛰쳐나간다. 그렇게 뛰쳐나간 의식은 몸과 접하지 못함으로써 지금, 여기를 떠나 있게 된다.

몸으로 느낀다는 것은 의식이 몸으로 돌아와 즉 지금, 여기로 돌아와 몸에 기반을 두고 행동함을 뜻한다. 그러기 위해서 물러서는 사람들은 늘 완전히 이완하여 매 순간 몸과 깊게 만나기를 해야 한다. 그러면 지금, 여기에 있게 되어 주장적이 될 수 있다.

크게는 걸으면서 하는 명상이나 요가, 스트레칭, 조깅 같은 것이 좋다. 작게는 순간순간 완전히 이완하여 몸과 깊게 만나 몸에 기반을 두는 것이다.

이렇게 나의 자아실현의 방향인, 성숙점의 행동패턴으로 가기 위해서는 각 유형에 맞는 수련을 하면 된다.

앞에서 예를 든 아이 셋을 키우는, 다가가기의 행동패턴인 2유형의 엄마는 늘 정신을 고요하게 함으로써 물러서게 되어 아이들이 난장판을 치는 상황에서도 의연할 수 있었다.

정신을 고요하게 하지 않으면 물러서야겠다고 마음을 먹어도 쉽게 물러서지지 않는다. 오히려 마음과는 달리 그 난장판에서 화가 치밀어 오르고 소리를 지르고 하는 등의 행동을 할 수 있다. 물러서야지 한다고 해서 마음먹은 대로 되지를 않는 것이다. 그러나 정신을 고요하게 하다 보면 저절로 물러서진다. 이렇듯 간단하지만 이 수련은 강력한 힘을 가진다.[12]

---

12) "에니어그램의 지혜", 돈 리처드 리소, 러스 허드슨, 주혜명 역, 서울, 한문화, 2000 참조.

# 행동패턴의 선순환 사이클과 악순환 사이클

이렇게 우리는 각 유형의 행동패턴과 성숙점의 행동패턴을 지향하기, 성숙점의 행동패턴을 지향하기 위한 수련법을 알아보았다. 요약해서 이것을 표로 정리해보면 다음과 같은 원으로 만들어 볼 수 있다.

행동패턴의 선순환 사이클 원을 보자.

4, 5, 9유형은 행동패턴이 '물러서기'이다.

평소 이들은 세상과 사람들로부터 물러서 있다. 이들은 자아실현 (나다움)을 이루기 위해서 혹은 보다 생산적으로 삶을 살아가기 위해서 선순환 사이클의 화살표 방향대로 이동해

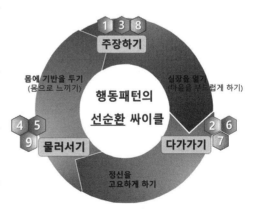

야 한다. 즉 항상 자신들의 성숙점인 1, 8, 3의 행동패턴인 '주장하기'를 해야 하는 것이다. 그리고 주장하기가 행동패턴인 1, 8, 3은 그들의 성숙방향인 7, 2, 6의 행동패턴인 '다가가기'로 이동해야 함은 물론이다. 그리고 다가가기의 7, 2, 6유형들은 자아실현을 위해 '물러서기'로 이동해야 한다.

즉 물러서기는 주장하기로, 주장하기는 다가가기로, 다가가기는 물러서기로 향해야 하는 것이다. 달리 자아로 표현해 보면 '물러서는 자아'는 '주장하는 자아'로, 주장하는 자아는 '다가가는 자아'로, 다가가는 자아는 '물러서는 자아'로 향해 있어야 한다.

이렇게 자신의 성숙점 행동패턴을 지향하고 있을 때 각 유형들은 자신의 역량을 최대한 발휘할 수 있다.

상황이 좋고 건강한 사람들은 이 행동패턴은 몰라도 자연스럽게 이렇게 행동한다.

여기서 하나 더 유념해야 할 것은 '순환'이다.

물러서기 유형들이 주장하기로 나아간 뒤에 세상과 사람을 향하여 지나치게 주장적이게 될 수 있다. 그러다 보면 여느 주장형들처럼 주변과 갈등을 일으킬 수가 있다. 그럴 때는 여느 주장형들처럼 다가가기를 해야 한다.

갈등으로 인해 상처받고 자기자리인 물러서기로 가버리면 안 된다. 그렇게 해서는 원만한 관계도, 일도 성사시킬 수가 없다.

건강한 주장형들이 하는 것처럼 다가가서는 상대의 의견도 듣고 상황도 고려하면서 세상과 사람과 더불어 의논적이어야 한다. 그런 다음에 마음속 대화가 복잡해지기 전에 세상과 사람으로부터 물러서기를 해야 하는 것이다. 원에서 보듯 다가가기의 한 단계가 더 필요하다. 즉 선순환 원의 화살표방향으로 순환해야 한다.

아주 오래전 필자가 대학을 다닐 때 필자는 교회 대학부 모임에 무척 활발하게 참여했었다.

당시는 70년대였고 대학생들이 여름에 봉사활동을 많이 갈 때였다. 그래서 필자가 속한 대학부도 여름마다 농촌 봉사활동을 하였다. 그리고 매주 60~70명이 모여 예배를 드리고 오후에는 성경공부를 하였다.

이렇듯 진지하고 우수한 젊은이들이 많이 모인, 재적인원이 백여 명 되는 큰 동아리집단이었다.

그곳에서 나는 많은 사랑을 받고 부회장으로 열심히 활동하였다. 그러다 보니 지나치게 주장적이 되었던 모양이다. 어느 날 보니 필자에게 불편한 감정을 가진 사람들이 많이 나타나고 또 그것을 표현했다. 한꺼번에 여러 사람으로부터 부정적인, 요즘 말로 피드백을 받다 보니 나는 무척 당황하였다. 그래서 심하게 상처를 받고 물러서버렸다.

필자의 강점을 발휘하고 역량을 드러내려면 주장하기를 해야 하는데 그러지 못하고 안전지대인 물러서기에 오랜 시간 머물러 있었다. 그러다 보니 그 이후 성장이나 성취가 없었다. 그때 나는 물러서지 말고 다가가기를 해야 했었다. 그러나 인생경험이 부족한 나는 그렇게 하면 된다는 것을 당시에 알지 못했다.

다가가기의 한 단계를 더 취한 뒤 물러서기를 했더라면 삶에서 후퇴가 아닌 전진이 되었을 것이다. 참으로 아쉬운 일이 아닐 수 없다.

대부분의 사람들이 이것을 못 한다. 주장하다가 내 주장이 먹히지 않고 갈등을 일으키면 바로 물러서기를 해버린다.

다른 행동패턴을 가진 유형들도 마찬가지이다. 자신의 성숙점 방향으로 나아가서는 뜻대로 되지 않을 때 실망하고 자기자리로 돌아간다. 그러나 그렇게 해서는 안 된다. **성숙점 자리의 성숙점으로 나아가야 한다.** 즉 선순환 원을 한 바퀴 돌아야 한다. 이것이 행동패턴의 선순환 사이클이다. 이 사이클대로 돌면 건강하고 생산적이 될 수 있다. 따라서 도표의 선순환 원에서 볼 수 있듯이 주장하는 유형들은 다가가기로 가서 물러서기, 주장하기로 선순환해야 한다. 마찬가지로 다가가기 유형들은 물러서기, 주장하기, 다가가기로 선순환해야 한다.

행동패턴의 악순환 사이클은 스트레스 상황일 때 자동적으로 발생한다.

스트레스 상황이 되면 우리는 자신도 모르게 자신의 스트레스점 방향으로 향하게 된다. 즉 세상과 사람으로부터 물러서는 유형들은 중심을 잡지 못한 채 세상과 사람을 향하여 다

가가기를 한다.

다가가는 유형들은 역시 중심을 잃은 채 주장하기를 한다. 주장하는 유형들은 중심 없이 물러서기를 한다.

자신을 한번 객관적으로 관찰해보자! 스트레스 상황에서 그렇게 하고 있는 자신을 발견할 수 있을 것이다. 이렇게 스트레스점 방향으로 향하게 되면 우리는 우리의 역량을 전혀 발휘할 수가 없다. 심지어는 우리를 파괴할 수 있다. 앞에서 설명했듯 우리에게 전혀 도움이 안 되는 스트레스점의 나쁜 면이 올라오기 때문이다.

또 한 발자국 더 나아가서 선순환 사이클처럼 스트레스 상황이 되면 악순환 사이클을 순환한다. 차이점이 있다면 선순환 사이클은 노력해야 순환할 수 있다. 하지만 악순환 사이클은 자동적으로 된다. 즉 물러서기 유형들은 스트레스 상황이 되면 중심을 잃고 다가가기를 한다.

스트레스 상황이 끝나면 자기자리로 돌아가지만 스트레스 상황이 여전히 지속되면 신경질적으로 주장하기로 나아간다. 그런 뒤 좌절하며 물러서는 것이다.

주장형들은 스트레스 상황에서 물러서버린다. 그러다가 중심 없이 다가가기를 하다 신경질적으로 주장하게 된다. 다가가는 형들은 스트레스 상황에서 신경질적으로 주장한다. 그러다가 좌절하고 물러서기 해서 어쩔 수 없이 다가가기를 한다.

혹은 스트레스 지속여부에 따라, 대체로 단기간의 스트레스일 경우에는, 모든 유형 모두 자기의 스트레스 행동패턴과 자기 행동패턴을 왕래하기도 한다. 즉 스트레스 상황일 때 물러서기는 다가가기와 물러서기를 왕래한다. 그리고 주장하기는 주장하기와 물러서기를 왕래한다. 또한 다가가기는 주장하기와 다가가기를 왕래한다. 그러나 스트레스가 몇 달, 혹은 몇 년간 지속될 때는 자기자리로 돌아갈 힘이 없다. 스트레스점 쪽으로 방향이 고정되어 버린다. 그러면서 악순환 사이클을 돈다. 이렇듯 스트레스 상황에서도 세 가지 행동패턴은 다한다. 하지만 방향이 문제다.

다시 한번 강조하지만 스트레스 상황에서는 우리는 우리 자신도 모르게 이렇게 행동패턴의 악순환 사이클을 돌기 때문에 평상시 반드시 성숙점 방향으로 향해 있어야만 한다. 즉 행동패턴의 선순환 사이클을 돌아야 하는 것이다. 평상시에도 그렇지만 스트레스 상황일 때는 의도적으로라도 성숙점 방향으로 나아가 행동패턴의 선순환 사이클을 돌아야 한다. 그렇지 않으면 자동으로 스트레스점 방향으로 기울어져 행동패턴의 악순환 사이클을 돌기 때문이다.

그럼 어떻게 성숙방향의 행동패턴으로 나아가 행동패턴의 선순환 사이클을 돌 것인가? 선순환 사이클 원도표에서 보듯 앞에서 설명한 수련을 하면 된다.

특별히 심한 스트레스 상황일 때 이 수련은 더욱 필요하다. 즉 물러서는 유형들인 4, 5, 9는 '몸에 기반을 두기', 주장하는 유형들인 1, 8, 3은 '마음을 부드럽게 하기', 다가가는 유형들인 7, 2, 6은 '정신을 고요하게 하기'이다.

이 수련은 평상시에도 하는 것이 필요하지만(앞에서 언급한 각 유형의 구체적인 수련방법을 참고하자.) 순간적으로 마음을 먹음으로써도 가능하다. 마음의 중심이 흔들릴 때 그 순간 몸에 기반을 두거나 마음을 부드럽게 하여 심장을 열거나 정신을 고요하게 하는 것이 가능하기 때문이다.

각 유형의 수련법에 맞게 그 순간 마음의 자세를 고쳐먹으면 곧 자신감과 평정심을 회복할 수 있다. 그리고 스트레스 상황을 잘 극복할 수 있다. 마음의 자세를 바꾸는 동시에 행동패턴이 바뀌면서 성숙점의 좋은 점이 바로 올라오기 때문이다.

성경을 읽어보면 예수 그리스도도 이 세 가지 행동패턴을 보이고 있다.

사역을 할 때는 주장하기의 행동이고 그리고 자신을 두고 사람들이 어떻게 말하는지 제자들과 대화를 하면서 다가가기의 행동을 취한다. 그러다가 홀로 산으로 들어가서 기도하는 물러서기의 행동, 그리고 또 사역하는 주장하기의 행동, 이렇게 선순환을 보이고 있다.


이 순환을 반대로 하게 되면 최악의 상황이다.

조직원들을 관리하면서 매출을 올려야 하는 에니어그램 3유형의, 리더인 그녀는 3유형들이 그러하듯 일 중심적인 사람이었다.

그녀는 주도적인 리더십으로 일을 아주 효율적으로 진행해 업무 성과를 높였다. 그녀는 일을 잘하는 사람이 인성이 좋은 사람이라는 등식을 가지고 조직원들을 다그쳤다. 그러다 조직원들과 관계가 심심찮게 깨어지면서부터 뭔가 이게 아니구나 하는 생각을 하게 되었다. 그래서 업무성과도 올리지만 관계도 잘하고 싶어졌다. 자신이 퇴직하고 나서도 함께 일하던 사람들과 관계를 계속 해나갈 수 있는 친밀한 관계를 갖고 싶었던 것이다.

그리하여 자신의 태도를 조금 바꾸어보기로 했다. 즉 힘을 빼고 너무 다그치는 행동을 살짝 내려놓았다. 그리고 그녀의 강점일 수 있는 주도적인 리더십을 조금 포기하면서 뒤로 한 발짝 물러섰다. 그래야 조직원들과 친밀해질 수 있을 거 같았다. 적어도 조직원들이 지금처럼 자신을 가까이 하기엔 너무 먼, 무서운 리더로 인식하지는 않을 테니까. 그러면서 조직원들이 다가오기를 바랐다. (여기서 잘 보면 주장하기의 그녀가 스트레스 상황에서 물러서기를 하고 있음을 알 수 있다.)

그러나 그렇게 한 일 년을 해보니 조직원들과 그다지 친밀해지지도 않고 오히려 업무성과만 떨어졌다. 그래서 자신의 조직은 현재 정체상태이다. 그리고 한 조직원은 예전의 주도적인 리더십이 더 좋았다는 피드백을 하기도 한다. 그래서 그녀는 어떻게 해야 하나, 어느 한쪽을 포기해야 하나, 예전처럼 관계를 포기하고 밀어붙여야 하는지, 아니면 좀 덜 성과를 내더라도 관계를 챙겨야 하는지 두 가지, 즉 업무와 관계가 양립이 될 수 없는 건가 하는 딜레마에 빠져버렸다.

그녀는 3유형으로 주장하기의 행동패턴을 가졌다. 강하게 주장을 펼치면서 그녀의 강점인 주도적인 리더십을 발휘했을 것이다. 그러다 보니 조직원들에게 상처를 주는 언행을 하게 되고 조직원들은 회사를 그만두는 등으로 해서 그녀는 스트레스 상황에 빠지게 되었다.

그녀는 이 시점에서 생각했다. '업무성과를 내려고 다그치다 보니 관계에서 갈등이 생기는구나. 그러면 업무성과를 약간 포기하고 사람들과 잘 지내는 쪽을 택하자. 서로에게 너무 상처가 되니까.'라고 결론을 내린다. 그래서 주장하기를 포기하고 조직원들과 부딪치지 않기 위해서 물러서기를 해버린다. 즉 자신의 스트레스점 행동패턴으로 후퇴한 것이다.

그러나 우리는 우리의 스트레스점의 행동패턴을 취하게 되면 아무것도 이룰 수가 없다고 했다. 더구나 장시간 머물러 있게 되면 전진은 꿈도 꿀 수가 없게 된다.

그렇다면 그녀는 어떻게 했어야 하는가?

자신의 성숙점 행동패턴인 다가가기를 했어야 했다. 그녀로서는 나름 조직원들에게 다가간다는 것이 단순히 주장하기를 포기하는 것으로 나타났다. 그리고 그것이 다가가는 것인 줄 알았다. 그러나 그것은 물러서기이다.

단순히 주장하기를 포기하는 대신 적극적으로 다가가야 한다.

물러서게 되면 조직원들을 심하게 다그치지는 않게 되어 갈등은 조금 줄어든다. 하지만 그것은 갈등을 줄이기 위한 소극적인 방법일 뿐이다. 그런 식으로 해서는 적극적으로 친밀한 관계를 형성할 수도 없다. 더구나 자신의 스트레스점 행동패턴이라 자신의 강점을 발휘할 수도 없게 된다. 오히려 스트레스점의 나쁜 면들이 올라와서 자신이 추구하는 목표인, 일의 성과와 친밀한 관계를 이룰 수가 없다.

일의 성과도 이루고 조직원과 친밀한 관계도 이루는, 두 마리 토끼를 다 잡기 위해서는 심장을 열고 마음을 부드럽게 하여 갈등을 일으킨 조직원이나 함께 일하는 조직원들에게 적극적으로 다가가야 한다. 그렇게 다가가게 되면 자신의 강점인 주도적인 리더십(주도적인 리더십을 발휘할 수 있을 때 그녀는 자신답게 느껴지고 행복할 수 있다!)과 이루고자 하는 일의 목표를 포기하지 않고도 조직원들과 친밀한 관계를 가질 수 있다. 더구나 친밀한 관계로 인해 더 일의 성과를 올릴 수도 있다.

주장하기를 포기하지 않고 단지 잠시 멈춘 뒤 다가가기를 하는 것이다.

물러서기는 주장하기를 포기하는 것이다. 그러나 다가가기는 자신의 주장을 가지고 상대와 조율하는 것이다. 포기와 조율은 다르다.

이제 그녀는 자기 자리인 주장하기로 와서 다가가는 방법을 다각도로 연구해야 한다. 그리고 평상시에도 항상 자신의 성숙점 행동패턴인 다가가기로 향해 있어야 한다. 만약 그녀가 평소 다가가기로 향해 있었더라면 이러한 스트레스 상황 자체를 초래하지 않았을 것이다. 그리고 그녀를 그녀답게 하는 주도적인 리더십을 발휘하면서도 관계를 놓치지 않았을 것이다. 이렇듯 행동패턴을 알게 되면 해법을 발견할 수 있다.


여기서 주의할 점은 위의 사례에서도 볼 수 있듯이 스트레스 상황이 지속되어 자신의 행동패턴에 머물러 있기보다는 자신의 스트레스점 행동패턴에 머물러 있는 경우이다. 예를 들어 물러서는 행동패턴의 유형이라 할지라도 과도한 스트레스 상황이 오래 지속됨으로써 다가가기에 오랜 시간 머물러 있을 수 있다.

이런 경우는 일단 다가가기형들처럼 물러서기를 해야 한다. 자기 위치인 물러서기로 온 다음에 주장하기를 해야 한다.

에니어그램 유형으로 보아 내가 물러서는 행동패턴을 가졌다고 다가가기에 오랜 시간 머물러 있는 상태에서, 혹은 누군가에게 의존적인 상태에서 주장하기를 하면 중심을 잃은 주장하기가 된다. 그래서 다가가기 행동패턴을 가진 사람이 주장하기 하는 것과 같다.

건강하게 주장하기가 되지 않는다. 화를 내거나 하는 등의 고압적이고 파괴적인 방식으로 표출된다. 자신의 중심이 없기 때문이다. 그렇게 되면 행동패턴의 악순환 사이클을 도는 것이다. 악순환을 끊고 선순환으로 방향전환을 해야 한다. 그렇게 하려면 자신이 서 있는 자리(행동패턴)의 유형이 하는 수련을 하여 방향을 돌려야 한다.

다른 행동패턴 유형들도 마찬가지이다. 자신이 혹시 현재 자신의 행동패턴이 아닌 스트레스점 행동패턴에 머물러 있지는 않은지 돌아보아야 한다. 그리고 스트레스 행동패턴에 있다면 자기자리로 돌아와야 한다. 즉 선순환으로 방향을 전환해야 하는 것이다.

위의 사례에서는 물러서기에 일 년 가까이 있었기 때문에 일단 자기 자리인 주장하기로 돌아와야 한다. 그리고 다가가기를 해야 한다. 앞에서 얘기했듯 물러서기 전에 자기자리에서 다가가기를 했더라면 좋았을 것이다. 그러나 그러지 못하고 일 년 가까이 물러서 있었기 때문에 악순환하지 않도록 방향을 선순환으로 바꿔야 하는 것이다.

그녀가 자기자리인 주장하기로 돌아오지 않고 현재 서 있는 물러서기에서 다가가기를 한다면 건강하게 다가가기가 되지 않는다. 자기 자신을 상실한 다가가기가 된다. 그러면 억울하고 심하면 비굴한 기분이 들 수도 있다. 그러다 보면 신경질적으로 주장하기를 할 수밖에 없다. '내가 이렇게까지 했는데……'라는 생각을 하면서 말이다. 즉 행동패턴 사이클의 악순환을 도는 것이다. 따라서 내가 현재 어느 행동패턴에 있는가를 살피는 것이 우선이다. 그리고 반드시 자기자리에서 행동패턴의 선순환 사이클을 돌아야만 한다.

기억할 것은 이것이다. 항상 나의 성숙점 행동패턴을 지향하되, 혹시 제자리에 있지 않을 수 있기 때문에 현재 내가 있는 행동패턴의 자리를 파악한 뒤 그 자리에서 수련을 통하여 선순환 사이클을 돈다! 이것을 꼭 기억하고 기억하자!

이러한 행동패턴 사이클은 개인적인 삶에서뿐만 아니라 대인관계에서도 염두에 두고 행동하면 상당히 도움이 된다.

즉 현재 내가 사이클의 어느 지점에 서 있는지 그리고 상대는 또 어느 지점에 있는지를 드러난 행동을 통해 가늠해본다. 그런 다음 거기서 파생될 수 있는 역동을 생각해 본다. 그리고 어느 행동패턴을 취할 때 관계가 가장 매끄러울 수 있는지 파악하고 의도적으로 그러한 행동패턴을 취한다. 그러니까 상대와 잘 지낼 수 있는 행동패턴을 상황에 따라 그때 그때 선택하는 것이다.

또 나와 상대의 에니어그램 유형을 안다면 나와 상대 모두 성숙점 방향의 행동패턴을 각각 취함으로써 원만하고 행복한 관계를 만들어나갈 수 있다. 예를 들어 부부일 경우 나는 다가가기의 행동패턴을 가졌고 배우자는 물러서기의 행동패턴을 가졌다고 하자. 그럴 때 나는 살짝 물러서기를 하고 배우자는 살짝 주장하기를 한다면 두 사람 모두 자신의 중심을 가지면서도 조화로운 관계를 이룰 수 있다. 그리고 갈등상황이 와도 어느 한쪽의 일방적인 항복 없이도 무난하게 잘 넘어갈 수 있다.

이렇듯 행동패턴을 제대로 알게 되면 여러 각도에서 응용과 적용을 하여 개인적인 삶에서나 대인관계에서나 많은 지혜를 얻을 수 있다.

행동패턴은 그 중요성을 아무리 강조해도 지나치지 않다. 이 책에서 다룬 모든 내용이 이 행동패턴을 말하기 위해서라고 해도 과언이 아니다.

도표의 선순환, 악순환 사이클을 보면서 여러 가지 상황에 대입하여 자기기억과 자기관찰을 하며 탐색해보길 바란다. 많은 통찰이 일어날 것이다. 그리고 현재 어떤 자리에 있든 그 자리에서 수련으로 선순환 방향으로 돌자!

# 나비처럼 가볍게! 독수리처럼 자유롭게

에니어그램에서 나의 유형으로 산다는 것은 자신이 어떤 사람인지 알아서, 즉 나의 본바탕을 알아서 다른 누군가가 되려는 헛된 노력을 하지 않고 나 자신으로 산다는 것을 의미한다. 그리고 다음으로 내가 나아가야 할 방향을 알아 그 방향을 지향해, 나다움을 이루어나가는 것을 의미한다.

한편 에니어그램에서 나의 유형을 안다는 것은 내가 갇힌 감옥, 성격감옥의 구조를 아는 것이다.

감옥을 탈출하려면 감옥의 구조를 알아야 한다. 그래야 탈출할 수 있는 키를 만들 수 있다.

내 유형대로 사는 것과 내 성격의 감옥을 탈출하는 것, 이 둘은 서로 상반되는 것처럼 보이지만 감옥을 탈출한다는 것은 성격을 극복해서 성격으로부터 자유로워진다는 의미이고, 내 유형으로 산다는 것은 자신을 이해하고 수용하여 자신과의 갈등이나 타인의 기대에서 벗어나 자유롭게, 가볍게 산다는 의미로 결국 같은 결과를 얻는다고 필자는 생각한다.

이 책에서는 자신의 유형을 찾는 것을 검사지에 의존하지 않고 격정을 통해 찾았다.

격정이란 감정적 습관으로 자신에게 평소에 가장 익숙한 감정이다. 이것은 야생마와 같아서 방치하면 내 삶의 걸림돌이 되지만 잘 다스리면 준마와 같아져 내 삶에 큰 에너지가 된다. 그리고 격정은 그 근원을 탐색하여 궁극적으로는 극복해야 한다. 극복할 때 나의 나다움에 성큼 다가서기 때문이다. 동시에 격정은 내가 성숙해지면 점점 옅어진다. 그러나 없어지지는 않는다.

이러한 격정을 바로 찾게 되면 내 유형이 나오고 내 유형이 나오면 내가 나아가야 할 지향점이 나온다. 이 지향점이 나다움을 이루는 나의 자아실현방향이다.

이러한 자아실현의 방향으로 지향하기 위해서는 이 책에 수록된 자신에게 맞는 질문으로 셀프코칭을 하는 것이 도움이 된다. 질문하면 답을 얻기 때문이다.

또 하나의 방법으로는 성숙점의 행동패턴을 지향하는 것이다. 성숙점의 행동패턴을 지향하게 되면 내 안에 잠재되어 있는 성숙점의 좋은 점들이 올라온다. 즉 평소 물러서는 사람들은 주장하기로, 주장하는 사람들은 다가가기로, 다가가는 사람들은 물러서기로 지향하는 '감각'을 가지고 있으면 삶 속에서 다가오는 크고 작은 위기를 넉넉히 이길 수 있다.

이렇게 자신의 성숙점 행동패턴을 지향하기 위해서, 할 수 있는 간단한 수련법이 있으니 금상첨화다.

물러서기 하는 사람은 몸에 기반을 두기를 하면 주장하기가 용이해지고, 주장하는 사람은 마음을 부드럽게 하면 다가가기가 쉽다.

다가가는 사람은 정신을 고요하게 하면 물러서진다.

이렇듯 자신의 유형을 격정으로 정확하게 찾아서 자신의 성격적 특성을 잘 이해하여 일차적으로 나 자신을 수용하고 나의 자아실현 방향성을 확인한다. 그리고 이차적으로 셀프코칭을 통하여 나 자신을 성장시키며 동시에 나의 행동패턴을 안 뒤, 나에게 맞는 수련법으로 나의 성숙점 행동패턴을 지향한다.

이렇게 하면 삶은 훨씬 정렬되고 나와의 갈등 없이 내가 나아가야 할 방향으로 자연스럽게 잘 갈 수 있다. 그리고 많은 열매를 얻을 것이다.

무엇보다 자신으로부터 보다 자유로워져서 나비처럼 가볍게, 독수리처럼 자유롭게 살아갈 것이다.

# 에니어그램을 도입한 학원사례

강북에서 수학학원을 경영하는 30대 초의 원장님이 나의 에니어그램 교육에 등록하여 에니어그램을 배웠다.

자신의 학원에 차별화된 프로그램을 운영하고 싶었던 그녀는 에니어 그램을 도입하여 학생들 개개인에게 맞는 학습지도를 하기를 원했다. 그래서 그녀는 필자에게 코칭을 받으면서 학원에 에니어그램 시스템을 만들었다.

학원운영에서 학원본연의 목적인 성적향상을 위해 기존의 강의시스템을 계속해서 강화하고 또 하나의 트랙으로 아이들 정서와 인성, 심리적 발달을 위해 에니어그램 시스템을 만들기로 했다. 즉 강의 시스템과 에니어그램 시스템, 이 두 가지 트랙으로 학원을 운영하여 학원차별화를 시도하였다.

에니어그램을 배운 뒤 학원생(중고등학생)들에게 개별적으로 에니어그램을 실시해 보았더니 아이들이 무척 좋아하고 자신에 대해서 편안해 하는 걸 느꼈다고 했다. 그리고 학원분위기도 부드러워지고 밝아졌다고 했다. 그런 효과를 본 그녀의 에니어그램 사랑은 견고했다.

먼저 사전단계로 등록상담을 위해 학원을 방문하는 학생의 유형을 유형검사지로 개략적으로 찾은 뒤 특성을 간단히 설명해줌으로써 에니어그램에 대한 호기심을 갖게 하기로 했다.

이런 호기심으로 학생과 동행한 학부모는 본 학원의 차별화된 교육시스템에 호감을 가질 수 있었다. 그리고 등록하게 되면 총 세 단계의 케어를 받도록 하였다.

1단계는 사전단계에서 개략적으로 유형을 찾긴 했지만 유형검사지가 부정확할 수도 있기 때문에 1:1 개인면담을 통해 격정과 이런저런 다양한 질문으로 정확한 유형을 찾고 특성을 보다 자세하게 설명해주면서 상담을 해주기로 했다. 그리고 각 유형의 특성을 소개하는 글을 예쁘게 디자인한 카드에 적어서 아이들에게 나누어주어 자신을 잘 알아갈 수 있도록 하였다.(듣기만 해서는 잊어버릴 수 있기 때문이다.) 또한 진로, 학습, 정서, 대인관계 네 가지 측면 즉 청소년들의 가장 당면한 고민거리인 이 네 가지 성장 포인트의 출발점을 확인하였다. 3단계에서 이 네 가지 측면에서 얼마나 발달하였는지를 상담하기 위해서였다.

2단계는 유형별마다 실행해야 할 리스트를 만들어 아이들로 하여금 생활 속에서 실천하게 하였다. 그리고 아이들이 학원에 오면 매일 실행했는지를 체크하게 하였다. 그래서 그녀는 7문항의 아이들이 실천해야 할 문항을 만들었다.

3단계는 이 리스트를 자료로 3개월마다 상담을 해주기로 하였다. 1단계에서 측정한 네 가지 성장 포인트 즉 진로, 학습, 정서, 대인관계에서 얼마나 성장 발전하였는지를 상담하면서 학생 본인과 학부모, 교사들과 공유하는 것이다. 그리하여 계속해서 성정하도록 동기유발을 하는 것이다. 이렇게 학원에 에니어그램을 도입하여 그녀는 학생과 학부모들로부터 좋은 반응을 얻고 있다.